BIANCA SOLLÉRO

PARE DE PERGUNTAR O QUE SEU FILHO VAI SER

SOBRE VIVER A INFÂNENTE

São Paulo | 2019

Pare de perguntar o que seu filho vai ser
© 2019 by Bianca Solléro

Coordenação editorial: Eduardo Ferrari
Edição: Ivana Moreira
Concepção e texto: Bianca Solléro
Projeto gráfico e diagramação: Leonardo Carvalho
Revisão de texto: Guilherme Semionato
Fotografias: Bianca Solléro e Mileny Prates

Dados Internacionais de Catalogação na Publicação (CIP) (eDOC BRASIL, Belo Horizonte/MG)	
S723p	Solléro, Bianca. Pare de perguntar o que seu filho vai ser / Bianca Solléro. – São Paulo, SP: Literare Books International; Efeditores, 2019. 14 x 21 cm ISBN 978-85-9455-245-7 1. Educação de crianças. 2. Pais e filhos. I. Título. CDD 649.1
Elaborado por Maurício Amormino Júnior – CRB6/2422	

Esta obra é uma coedição entre Eduardo Ferrari Editores e Literare Books International. Todos os direitos reservados. Não é permitida a reprodução total ou parcial desta obra, por quaisquer meios, sem a prévia autorização do autor.

EDUARDO FERRARI EDITORES
Rua Haddock Lobo, 180 | Cerqueira César
01414-000 | São Paulo - SP
www.eduardoferrari.com.br
contato@eduardoferrari.com.br

LITERARE BOOKS INTERNATIONAL
Rua Antônio Augusto Covello, 472
Vila Mariana | 01550-060 | São Paulo - SP
www.literarebooks.com.br
contato@literarebooks.com.br

Esta obra integra o selo "Filhos Melhores para o Mundo", iniciativa conjunta de Eduardo Ferrari Editores e Literare Books International.

O texto deste livro segue as normas do Acordo Ortográfico da Língua Portuguesa.
1ª edição, 2019 | Printed in Brazil | Impresso no Brasil

Apresentação

Introdução, 5

Capítulo 1 | Uma nova consciência, 13
Uma nova Consciência
A criança interior
Filho não é prioridade
Casamento não é família
A tal da melhor versão

Capítulo 2 | Um novo vocabulário, 29
Nutrir, não estimular
Foguinho interno
Respeitar, não obedecer
Crianças não são presentes

Capítulo 3 | Uma nova educação, 40
A tríade da Educação Criativa
Amor
Limites
Liberdade Criativa
Educar com Criatividade
Educar com Leveza
O caminho do meio

Capítulo 4 | Um novo olhar para, 63
Temperamento, personalidade e lugar de amor
Mau comportamento e a tríade do equilíbrio
Porque não deixamos a criança chorar?
A frustração é frustrante

Capítulo 5 | Um novo agir, 75
Postura Criativa para alcançar leveza
Educar não é fácil
Processo Criativo e Processo Educativo - o que os une
A colher e a língua

Sobre a autora, 89
Referências Bibliográficas, 94

Apresentação

Por Dolores Pena, mãe da autora.

Ser mãe é um papel no qual todas temos muitas oportunidades para o do que nos orgulhamos. Me tornei mãe no mesmo ano e quase no mesmo mês, em que me graduei em psicologia, e desde então, estou no exercício também da minha profissão de psicoterapeuta. Minhas três filhas cresceram enquanto eu também me dedicava e crescia profissionalmente. Um desafio do qual não me lembro de ter queixado, ainda que não tenha sido fácil, como você pode imaginar. Neste cenário não fui 100% presente no dia a dia das minhas filhas, mas fui capaz de valorizar a qualidade do nosso tempo de convivência.

A Bianca, a do meio, desde sempre criou brincadeiras e teatros que nos envolviam com alegria e me facilitou, sem dúvida, esta qualidade do "estar com". Inclusive quando nos encontros da família extensa. Suas irmãs e primos sabem bem reconhecerem isto.

Ela ainda bem pequena, os "arrebanhava" para serem seus personagens ou assistentes das suas variadas "produções". Sempre muito criativa e carismática, a Bianca. Participativa na escola e valorizada em sua criatividade... Que sorte a nossa. Muita história divertida para contar.

Quis cursar "Belas Artes". Imagine que, não tão diferente de como acontece ainda hoje, os adultos ficavam curiosos e preocupados e me faziam muitas perguntas em torno de uma principal: vocês vão deixar a Bianca ser artista?

Bom, o tom era de perplexidade misturado com a ideia de recriminação, mas felizmente eu conhecia a minha filha e pude reconhecer e apoiar sua escolha. O pai também.

Graduou-se em Licenciatura da Arte e quase que simultaneamente, mas posteriormente em Psicologia. Outras tantas histórias a contar.

Como arte educadora e psicóloga deu muitas aulas, concluiu a pós em arteterapia, casou-se e em seguida experimentou e desempenhou com eficiência, cargos e funções na área de gestão de pessoas em empresa multinacional, inclusive. Com o nobre propósito de se tornar mãe reorganizou seu rumo, também profissional. Saiu do corporativo para dedicar-se ao seu essencial. É mãe, há pouco mais de dois anos, e de duas crianças, meus netinhos amados. E assim...

Tendo dedicado das pequenas às grandes pessoas, também na clínica de Psicologia, Bianca teceu sua própria rede e configurou-se a EDUCADORA DE PAIS PARA AS CRIANÇAS, autora deste pequeno grande livro.

Artista? Sem dúvida, desde e sempre, essencialmente da arte de viver e de conviver com criatividade e leveza! Apesar inclusive, de conviver com a mãe "séria", quisera leve, entretanto atenta a deixar SER, e sendo.

Que alegria e orgulho sinto em aqui e agora ler Bianca adulta, preservada no que de mais essencial, no amor à adultos e crianças, pais e filhos, e os facilitando neste primeiro livro, na arte de SER e de EDUCAR.

Com simplicidade e gosto sintetiza suas ideias em temas que ao meu ver extrapolam o convencional e que por isso mesmo nos dá espaço para também criarmos novas possibilidades para sermos leves e mais criativos para EDUCAR nossas crianças.

Que a leitura lhe traga, além do "pretendido", novas reflexões sobre a educação de crianças, a de dentro e as de fora de você.

"MÃE,
QUE EU SAIBA HONRAR
O VENTRE DE ONDE EU VIM,
O VENTRE ONDE EU ESTOU
E O VENTRE QUE HÁ EM MIM"

Trecho da música: Sagrado Feminino
Compositoras e Intérpretes: Melissas

Introdução

"O que você vai ser quando crescer?" É uma dessas perguntas que repetimos automaticamente, sem nenhuma crítica, para as nossas crianças, desde sempre.

Que mundo é esse em que estamos vivendo? Mudaram o chip das crianças e esqueceram de mudar o dos adultos! As crianças estão chegando bem diferentes e nós, pais e mães (e escolas) estamos agindo como sempre. Por isso estamos pirando como nunca: essa conta não fecha.
Repetimos incessantemente gestos, falas, atitudes e posturas. E não colhemos o que queremos nem o que precisamos.
"O que você vai ser quando crescer?" é uma dessas perguntas que repetimos automaticamente, sem nenhuma crítica, para as nossas crianças, desde sempre.
Eu não gosto dessa pergunta. Acho cafona e antiga. De fato ela não combina com o novo mundo que estamos vivendo. E foi pensando sobre o propósito da educação que percebi que muitos equívocos podem nascer desta pergunta tão simples.
A educação existe para ensinar pessoas a conviver produtivamente numa mesma comunidade. Não precisaríamos educar nem ser educados se fôssemos sozinhos no mundo. É propósito da educação evidenciar nossa identidade e nos ensinar a agir colaborativamente, somando nossos potenciais aos dos demais em prol de um bem comum.
A questão é que, quando essa pergunta "O que você quer ser quando crescer?" é feita sem crítica, ela não age só no campo da imaginação. É romântico e talvez ingênuo demais acreditar que essa pergunta ensina a sonhar, ou favorece nossos sonhos. Ela está carregada de um milhão de expectativas

e caminhos pré definidos sobre o que é "ser alguém na vida". Além disso, carrega em si o "mal do século": a ansiedade.

O século XXI e toda sua aceleração exponencial fez transformar-se em hábito comum essa insistente necessidade de projeção para o futuro. Estamos desaprendendo a viver no presente e, com isso, automaticamente nos desabilitando a viver neste mundo. Estamos, por isso, entrando em extinção. A espécie humana está se robotizando. E está custando cair a ficha de que viver no automático e fazer as coisas no modo repetitivo, não crítico e não criativo é exatamente o que nos tem levado a essa extinção. Afinal, as máquinas fazem e farão eternamente isso, muito mais rápido e mais barato do que o melhor humano fará.

Simplesmente porque não temos mesmo essa habilidade. Somos seres criativos, isso requer tempo, ócio e energia. Estamos entendendo errado essa tal quarta revolução industrial. Não é sobre nos adaptarmos é sobre nos acomodarmos. Não é sobre competirmos com as máquinas, é sobre convivermos com elas. Não é sobre ser melhor, é sobre sermos nós mesmos, com todas as facetas humanas envolvidas. Não é sobre exatas, é sobre humanas. É sobre a eterna complexidade de ser gente - o que precisa finalmente ser aceito, assumido e encarado para que tenhamos o mínimo de chances de sobrevivermos saudavelmente a este novo século.

Primeiramente "O QUE você vai ser" diz de uma objetificação ou, sob uma melhor hipótese, de resumir a pessoa à uma profissão, a uma atuação. E definitivamente este século não prevê uma carreira única, nem tampouco solo, para todo o sempre. O futuro é colaborativo e multidisciplinar.

O que já temos visto hoje, de pessoas transpondo carreiras diversas, será potencializado. Faremos algo por três anos e depois outra coisa por mais quatro. Não será uma simples mudança de empresa, mudamos constantemente de atuações e empreendimentos. Nisso, o que fica é a pessoa, sua postura, seus valores, sua atitude, não sua profissão. Não fica o "o quê" ela faz, e sim o "como ela faz" por ser "quem ela é".

De outro lado, como falei, essa projeção futura nos tira

nosso maior presente, nossa maior oportunidade de crescimento e desenvolvimento que é refletir sobre quem somos, hoje. Como estamos, hoje?

Já pensou que respostas interessantíssimas podem surgir se perguntarmos "quem você é?" para nossas crianças? Independente da idade, da complexidade ou do nível de realidade com o qual a criança seja capaz de responder. Ao fazer essa pergunta passamos para ela uma mensagem poderosa: ela já é muito! Querer ser um astronauta inconscientemente pressupõe dispor de habilidades que eu não tenho ainda. Desperta ansiedade e pode estar desdenhando tudo o que já se é. A criança que diz "sou um astronauta" potencializa-se. Ela desenvolve a capacidade de autoavaliação, autocrítica, autocontrole e, ainda assim, imagina e sonha. Mas ao perguntar "quem você é?" em vez de "o que você quer ser?" a criança se empodera de tudo o que ela já tem para continuar seu desenvolvimento pleno.

Por que sim: ela não tem tudo. Ela não está completa. Nunca estará e terá sempre arestas a apontar e pontos difíceis de alcançar ou mesmo inalcançáveis. Mas na ideia totalmente oposta ao que sempre nos foi ensinado, de valorizar o que já somos e já temos em vez de só se lamentar pelo que falta (e sempre faltará) está a transformação que precisamos para construirmos uma sociedade com pessoas mais autênticas e felizes.

Quantas vezes você já ouviu falar (ou talvez tenha acontecido com você) a história de uma pessoa que lutou por um "sonho" a vida inteira e quando o conquistou percebeu que não era nada daquilo que ela sonhava? Eu já ouvi várias. Uma das minhas primeiras clientes do consultório de psicologia que tive no Maranhão sofria de depressão profunda: era um caso desses.

Ela havia estudado a vida inteira para se tornar promotora de justiça. Quando finalmente foi aprovada, mesmo num cargo de alto escalão e com um altíssimo salário ela desistiu do cargo. O que não foi nada fácil. Ao perceber que não era aquilo que ela queria, esta mulher se deparou com um sonho que sonharam por ela e disseram que era dela. Seu pai era um "realizado" Juiz, que dizia para ela maravilhas dos cargos públicos da carreira de Direito, mas certamente esqueceu-se de ouvir o que ela tinha para dizer. O que ela sentia. Imagine o que é sonhar um sonho que não é verdadeiramente seu. Pior. Imagine o que é finalmente perceber isso e querer se reconectar à sua essência ouvindo de muitos a sua volta que é louca. Sim, é realmente enlouquecedor. E assim ela se afundou por meses numa depressão difícil de ser elaborada.

Afinal, não era por causa das condições do cargo a que se é submetido no início daquela carreira (morar em cidades com baixíssima qualidade de vida e, quase sempre, bem longe da família) - o que a maioria insistia em fazer com que ela relevasse por ser temporário. Sua dor nascia da primeira vez que ela percebia sua omissão diante de si própria, de seu destino, de suas escolhas. Tornar-se autêntica neste mundo causa mesmo muita dor.

Imagino que você conheça histórias semelhantes. Ou de pessoas que sofreram ao perceberem e mudarem seu caminho ou de pessoas que sofrem por se esquivar de perceber ou se esquivar de mudar.

Tudo isso nasce de uma construção social histórica, que os novos tempos tem nos dados os sinais mais gritantes para percebermos que é hora de mudar, alterar a rota da humanidade. Enquanto seguimos repetindo automaticamente o que sempre foi feito, vamos nos esquivando de perceber ou de traçar outro caminho.

A infância não é lugar de ver o que falta, mas sim de ver o que tem. Não é momento de pensar o que serei, mas sim quem já sou. Isso é olhar o copo meio cheio. E olhar o copo meio cheio é viver o presente enquanto que perceber só a parte meio vazia é algo no passado ou no futuro. Em algum tempo diferente de hoje. É agir lamentando o que não foi feito ou o quanto ainda tem para ser feito. E nisso perdemos nosso maior presente, literalmente.

Educar para o século XXI não é sobre educar para o futuro. Estamos entendendo mal esse cenário. É sobre educar para o presente.

Capítulo 1 | Uma nova consciência

"A CRIANÇA QUE EU FUI UM DIA
HOJE VEIO ME VISITAR
MAS NÃO SE ENCONTROU EM MIM
MAS NÃO SE RECONHECEU

Trecho da música: A criança que fui um dia
Compositores: Tiago Corrêa/ Allan Dias Castro
Intérprete: Reverb Poesia

Uma nova Consciência

Nós, pais e mães, iniciamos o olhar de nossos filhos sobre a Terra, sobre a vida, sobre as pessoas e as relações. E, a depender de como e com o quê os apresentamos a eles, corremos o grave risco de promover uma configuração equivocada que será difícil de alterar depois.

O despertar de uma nova consciência humana recai com um peso dobrado sobre quem é pai ou mãe. Isso porque a nossa consciência iluminará diretamente a consciência dessas pessoas que por enquanto são crianças, nossos filhos.

É uma responsabilidade bastante grande essa de apresentar o mundo a alguém. Nós, pais e mães, iniciamos o olhar de nossos filhos sobre a Terra, sobre a vida, sobre as pessoas e as relações. E, a depender de como e com o quê os apresentamos a eles, corremos o grave risco de promover uma configuração equivocada que será difícil de alterar depois.

Você sabe do que eu estou falando porque provavelmente já te custou caro, senão em dinheiro, em energia e esforço, nas mais diversas terapias a busca pelo sucesso ou pela felicidade. Todos em vão, enquanto não descobrimos que a real disposição precisa estar direcionada aos processos de reconexão consigo mesmo. Isto porque a forma com a qual aprendemos a viver solicitou a desconexão de nossa essência. Essa forma diz de padrões tidos socialmente como adequados ou aceitáveis. Diz de expectativas e esforços para nos encaixarmos àquilo que alguém definiu como "ok".

Agora, enquanto pais e mães, está em nossas mãos decidir por qual ótica apresentaremos a vida aos nossos filhos. Se através desta que, tão angustiantemente, os exige ser algo diferente do que são. Ou se por aquela que, tão corajosamente, permite-lhes ser quem se é.

Eu optei por aquela, que exige coragem. Coragem no sentido mais literal e coloquialmente compreensível. Aquela que você precisa sacar toda vez que opta por não superproteger seu filho mas, ao contrário, por permitir que ele caia e descubra a dor pelo seu próprio corpo e não pela sua palavra.

Para ilustrar, refiro-me aqui à mãe ou ao pai que, quando o filho cai, em vez de dizer "viu?! Falei que você ia machucar" ou "tadinho, deve estar doendo" ou, talvez pior, "não foi nada, levanta" olha seu filho cair em silêncio e senta ao seu lado disponível para o colo ou o abraço que ele próprio perceber que precisa.

Nossas palavras e nossas interferências apresentam a nossa interpretação de mundo e, muitas vezes, impedem a percepção mais autêntica do nosso filho de perceber o mundo pelo seu próprio olhar. Por isso eu defendo que a gente interfira menos e se cale e o observe mais, ocupando o lugar de autoridade que nos é devido sem, ao contrário, sair de cena nem muito menos negligenciar.

Educar, de fato, não é fácil. Mas fica mais leve quando conseguimos agir de forma mais coerente com os nossos reais desejos. Se desejamos que nossos filhos sejam felizes, porque não os encorajamos a serem eles mesmos, em essência? Porque repetimos o velho padrão de encaixá-los naquilo que insistem ser a única versão aceitável.

A vida é complexa e é diversa. Felicidade não é compatível ao discurso de massificação, de tornar todos iguais uns aos outros. Equidade é perceber, respeitar e valorizar nossas diferenças.

Assim sendo, enquanto pais e mães, recairá sobre nós uma responsabilidade dobrada de decidir por quais caminhos queremos que a humanidade siga. O que queremos propagar?

Se filhos são legados, que tipo de legado você deseja que seja multiplicado e potencializado mundo afora?

Repetir o padrão que tem nos conduzido a consumir os maiores índices de antidepressivos e psicofármacos que a humanidade já viu é nossa decisão.

A maioria dos transtornos psíquicos tem sua origem, direta ou indiretamente, na auto-percepção de não ser aceito socialmente ou de não perceber-se capaz de equilibrar sua emoções internas. E é impressionante como nós, pais e mães, desperdiçamos generosas oportunidades na infância de nossos filhos para prepará-los ou fortalecê-los para superarem (em vez de esquivarem) dos eventos tristes ou frustrantes que a vida naturalmente e eternamente nos oferecerá.

Este livro é um convite para um reposicionamento nosso perante as nossas crianças. Enquanto a quarta revolução industrial nos surpreende, nos apressa e nos impede de olhar para nossos filhos com a calma necessária, esse livro deseja te lembrar que a velocidade exponencial com que avança a tecnologia é incompatível à infância.

Ainda que o cérebro das crianças evolua acelerada e também exponencialmente, relacionar-nos com elas, viver e educar equilibradamente nossos filhos é um exercício de paciência e de esforço diário. E, aliás, só terá sucesso mesmo se assim for conduzido.

Eu sei, é difícil perceber. Por que, ao perceber nossa consciência amplia. E ao ser ampliada nos exigirá insistentemente novas posturas. Posturas que nos exigirão energia, presença, calma e discernimento. Características que nos tem sido sugadas para serem alocadas em um lugar que, nem de perto, tem a mesma importância que nossos filhos, mas que contraditoriamente encaramos como sendo o mais importante de nossas vidas.

Antes de concluir, por favor, atente-se! Não é sobre parar a vida e dedicar-se exclusivamente às crianças. É sobre entender que o ritmo delas é outro e único, para então conseguir, de uma forma mais leve e criativa, acomodar a infância e as relações familiares no mesmo espaço e no mesmo tempo, porém não com a mesma velocidade.

A criança interior

A chegada de um filho é, o tempo inteiro um convite para que você ouça e trate com dignidade a sua própria criança interna.

Quando uma criança chega na nossa casa a primeira coisa que ela faz é trazer à tona a lembrança (ainda que inconsciente) da nossa criança interior: aquela criança que fomos um dia e que ainda mora em nós de alguma forma.

Já existem, sim, muitas teorias e excelentes estudos sobre a criança interior. Mesmo assim, me atrevi a tentar explicar o fenômeno que ela nos provoca a partir da maternidade ou da paternidade, trazendo à luz três fatores.

O primeiro deles é o mito de Narciso que conta a história do filho do deus Cefiso com a ninfa Liríope. Um personagem belíssimo. Tão belo que seria amaldiçoado caso se colocasse a admirar sua própria beleza. Eis, portanto, que um dia ele colocou-se a admirar-se à beira de um rio, através de seu reflexo na água, quando apaixonou-se por si mesmo.

O segundo fator é uma frase antiga, atribuída a Sartre que diz "o inferno são os outros". Na minha adolescência, estudando teatro, tive contato com uma peça intitulada por esta frase que contava a história de quatro personagens que conviviam unicamente entre eles e sentiam-se muito incomodados pelo olhar do outro. Como se o olhar do outro fosse naturalmente um juíz.

E, por fim, o terceiro é um conceito que vem da física: a força de empuxo. Essa força é definida pela terceira lei de Newton, também chamada de lei da ação e reação. Resumidamente, trata-se de uma força de igual magnitude, que age na mesma direção porém em sentido oposto àquele pelo qual foi impactado.

Estes três fatores explicam o fenômeno da criança interior assim: nós, pais e mães, temos por dentro o arquétipo narcísico, que só aceita ver belezas e acertos. Que é altamente vaidoso. Que inconscientemente nos diz que só é interessante o que nos é positivo. É como se, por mais que a gente consiga reconhecer os nossos lados negativos, uma voz narcísica sempre insiste em nos envaidecer ao ponto de menosprezar ou mesmo negar nossas vulnerabilidades.

Se "o inferno são os outros" a criança, nosso filho (a), é este alguém que, conforme o conceito de empuxo, exerce sobre nós a mesma força que consciente ou inconscientemente dirigimos a ela (em mesma direção mas sentido oposto). Portanto, é como se nossos filhos espelhassem nossa criança interior e, com isso, nossas frustrações, nossas imperfeições. Falhas que Narciso não quer ver e, por isso, gera a tal guerra interna: angústia, raiva, impaciência - o que volta para esse filho (a).

Portanto, a chegada de um filho é, o tempo inteiro um convite para que você ouça e trate com dignidade a sua própria criança interna. Afinal, é essa força que age sobre você o tempo inteiro te provocando, te fazendo assumir brigas internas constantes para ser perfeito, para ser ideal e tão belo como nosso Narciso nos quer ver.

O mais interessante, então, é perceber que tudo isso foi construído socialmente a partir do processo educativo a que você foi submetido. E você vai precisar olhar para isso para conseguir, finalmente, encarar o seu filho como uma pessoa que ele é. Alguém que também terá os seus próprios inferninhos, o seu Narciso. Reconhecer sua história, validar sua criança interna e diferenciar-se de seu filho é seu dever e a sua missão. Só isso permitirá com que ele cresça na sua individualidade. E se você não olha para si, se você não percebe essa criança interior, seu filho será uma eterna projeção sua e não ele mesmo. Imagine que triste e egoísta seria isso. Esta, aliás, é a forma mais eficaz de apagar a essência de uma criança, que vem sendo repetida automaticamente a século.

Não é muito difícil perceber ilustrações reais disso. Como

aquele amigo (ou talvez até seja você mesmo) que cresceu, fez vestibular e cursou a faculdade só para entregar o diploma para o pai ou a mãe. Porque o curso era o que eles, os adultos, desejaram, e não a "criança", o amigo em si.

Ao matar nossa essência, matamos nosso sorriso fácil, nosso prazer de viver, e colocamos nossa criança interna numa prisão. A maternidade e a paternidade é um convite diário para libertar essa nossa criança. Que a gente possa dizer sim a este convite.

Filho não é prioridade

Pais despedaçados
não criam filhos inteiros.

É estranho como o nosso modo de ver a vida se altera depois de ter filhos. Muita gente diz: "eles passam a ser a nossa prioridade" mas eu tenho um grande receio acerca desta afirmação. É claro que muita coisa muda e que agora temos que pensar em outras pessoas além de nós mesmos, mas acredito que eles não devem ser nossa prioridade.

Toda vez que ouvia aquele alerta quando viajava de avião sobre, "em caso de despressurização, vestir primeiro sua própria máscara de oxigênio para então ajudar as crianças por perto" eu ficava indignada. O modo de viver automático me fez acreditar que seria uma maldade, além de um baita egoísmo, cuidar de mim primeiro antes de uma criança.

Até que eu me tornei mãe e me senti, por mais de uma vez, sem oxigênio. Até que me percebi incapaz de cuidar da minha filha. Até que entendi que ela precisava de uma mãe minimamente inteira. Alguém equilibrada e saudável o suficiente para dar a ela o que ela precisava. E nesse papo de que somos superpoderosos, não voltamos nosso olhar para nós mesmos e nos contentamos com o falso heroísmo que consiste em colocar nossos filhos em primeiro lugar.

A gente só é capaz de dar aquilo que nos transborda.

"Amai ao próximo como a si mesmo" pressupõe auto-amor antes, prioritariamente.

O mais curioso é que essa ideia de filho ser prioridade é sustentada pelo tal "amor incondicional" o que, de fato, não acontece. Pais despedaçados não criam filhos inteiros. Descuidar-se de você mesmo não é um ato de "amor incondicional" pelos seus filhos, pelo contrário. Incondicional pressupõe encontrar as condições necessárias para parar, respirar, recuperar o fôlego, encontrar alegria, recarregar-se de autoamor para, então, doar! Quanta a coisa a gente escuta, acha bonito e repete sem pensar?! Não existe criatividade na repetição. Não existe inovação sem criatividade. Não existe atualizar-se sem um novo olhar, sem uma nova consciência, sem uma postura mais criativa sobre o ato de educar.

Casamento não é família

Família é um valor.
Casamento é um contrato.

Quanta a coisa a gente escuta, acha bonito e repete sem pensar?! Assim, vamos repetindo padrões sociais que estão maltratando as nossas crianças.

Sob a hipótese de que "uma criança precisa de pais juntos, unidos" tenho visto muitas famílias sustentarem casamentos pouco (ou nada) saudáveis com a "desculpa" de que estão fazendo isso pelas crianças, pelos filhos. E, assim, tenho visto crianças terem seu desenvolvimento prejudicado e sua infância roubada pelo que oneram as relações desequilibradas.

Casamento pode ser a base de uma família, mas não necessariamente, principalmente neste século XXI, em que estamos descobrindo novas configurações familiares.

A família é o primeiro grupo social da criança e, certamente, o que mais influencia seu pleno desenvolvimento. Quando uma criança tem uma família e a reconhece como seu porto seguro, como lugar em que cria raízes e asas, então está emocionalmente apta ao aprendizado social e a construir relações saudáveis com outras pessoas.

Todavia, família é uma coisa e casamento é outra. Família é um valor. Casamento é um contrato.

O cuidado, o carinho e o afeto que recebe de seus pais, familiares, responsáveis ou cuidadores, a alimentação adequada, o brincar livre e seguro e a estabilidade emocional do lar/ambiente em que vive são os principais fatores que atrofiam (na sua ausência) ou potencializam (na sua presença) o desenvolvimento infantil.

Por isso, crianças não precisam de pais juntos, nem casados, nem necessariamente de dois adultos nem, muito menos, que seja um homem e uma mulher. Crianças precisam de adultos saudáveis como responsáveis por sua educação e desenvolvimento pleno. Adultos amorosos, pacientes, conscientes e presentes. Casamentos que são mantidos simplesmente pela ideia de que "isso é o melhor para criança" estão, paradoxalmente, promovendo algo bem ruim para ela.

O compromisso que adultos devem ter com seus filhos é o de oportunizá-los condições adequadas o suficiente para o seu desenvolvimento pleno e integral. Isto vai muito além de qualquer concepção antiga que padronize esse valor tão necessário e escasso da nossa humanidade: a família.

O que importa não é como a família é constituída. O que importa é que ela seja construída em sua essência.

A tal da melhor versão

Educar nossos filhos para que desabrochem e iluminem o mundo com suas luzes pressupõe que sejamos coerentes e, portanto, que também estejamos minimamente conectados à nossa essência. E se assim estamos isso quer dizer que já somos a nossa melhor versão, que somos suficientes como somos hoje.

Para que nos seja possível construir relações saudáveis é preciso nos conhecermos como somos e não como deveríamos ou gostaríamos de ser. Aceitar-nos e nos autoconhecer é bem diferente de buscar a nossa melhor versão, quase o oposto.

Quem inventou a ideia de que temos que estar constantemente buscando a nossa melhor versão é primo de quem tem certeza que não estaremos prontos nunca, irmão de quem insiste em negar nossa essência como nosso diferencial e pai da culpa.

Educar nossos filhos para que desabrochem e iluminem o mundo com suas luzes pressupõe que sejamos coerentes e, portanto, que também estejamos minimamente conectados à nossa essência. E se assim estamos isso quer dizer que já somos a nossa melhor versão, que somos suficientes como somos hoje.

Essa ideia de buscar algo para além do que já temos só nos traz ansiedade e reforça que ainda não nos percebemos em nosso pleno potencial. Eu fico pensando: que dia vai chegar, então, a nossa melhor versão se estivermos vivendo em busca dela?

Carl Rogers (1977) intitulou como tendência auto-atualizadora ou tendência atualizante a nossa natural propensão a sermos a nossa melhor versão todo dia. Reconhecer-nos como suficientes é reconhecer nossa humanidade e nossa vulnerabilidade. Essa ideia de melhor versão, da forma com tem sido pregada nos dias atuais, é platônica e inalcançável e eu arriscaria dizer que é fator de peso sobre as crises de ansiedade e depressão que nos assolam.

É estranho e um pouco contraditório, mas a nossa melhor versão já acontece e sempre se atualiza dinamicamente porque a nossa essência é um elemento natural e, por isso, se move, se movimenta e se transforma em consonância a todos os demais elementos do ambiente. Estar conectado a este princípio não nos acomoda nem paralisa, pelo contrário. Direciona a energia que estaria no futuro (buscando uma melhor versão) para alocá-la ao presente. Àquilo que precisa ser feito hoje.

Pais e mães que admitem que já são suficientes para seus filhos olham para o presente, não para o passado nem para o futuro. Vivem o aqui e o agora. Admitem seus cansaços e suas "falhas" e pedem ajuda mais rápido em vez de perderem o precioso tempo se cobrando sobre porque não estão dando conta. Resolvem. Vivem. E por isso estabelecem vínculos mais profundos e verdadeiros.

Eu estava grávida de 38 semanas do meu segundo filho quando recebi a ligação de um amigo me contando que uma grande amiga havia falecido de forma totalmente atípica e inesperada. Ela tinha a minha idade e daí alguns dias estaria comigo fotografando minha gestação como havia feito na minha primeira gravidez. Não deu.

Era umas seis da tarde e, enquanto meu amigo me dizia, eu acarinhava minha barriga e via minha filha de um aninho correndo pela sala. Naquele instante eu me lembrei de tantas mães que me escreviam quase que diariamente pedindo solução para a culpa que sentiam de não serem tão boas quanto deveriam.

E pensei em quanto tempo nós deixamos de viver inteiramente com nossos filhos enquanto nos deixamos dominar pelo sentimento de culpa.

Essa ideia de "buscar a nossa melhor versão" é amiga íntima da culpa materna. Afinal, as duas acreditam piamente na nossa insuficiência eterna.

Naquele dia eu percebi que viver a culpa é viver um luto em vida. Porque trata-se de se ausentar para seu filho. Trata-se de estar num lugar que não é o presente, ao lado do seu filho. Enquanto você se culpa de não ser o que seu filho merece, você desvia a atenção daquilo que ele precisa e você PODE dar.

Perceber seu desenvolvimento humano como suficiente para o que seu filho precisa hoje é viver no presente. Ele não chegaria até você se você não tivesse muito para dar. Se você não fosse capaz de dar a ele o que ele precisa.

É claro que você ainda tem muito para viver, aprender e receber para oferecer para o seu filho. Mas antes de buscar o que te falta ou se culpar pelo que te falta você precisa identificar o que de fato seu filho precisa e você só fará isso se estiver vivendo o presente com ele.

Ademais, a melhor parte dessa proposta que te faço, de em vez de buscar a sua melhor versão (que está em algum lugar que não é o hoje e em algum tempo que não é o agora) e passar a confiar mais no que você já tem é que você passará a olhar para os seus filhos também como suficientes. Pais e mães que vivem o presente respeitam o tempo e as características peculiares do desenvolvimento de cada filho. São pais que não tem expectativas sobre quem o filho será e nutrem o potencial que se apresenta em quem ele já é.

Olhar para o filho como ele é, e não como ele deveria ser, é um dos principais nutrientes necessários para manter nele sua chama, sua essência viva e acesa. E, também conquistar mais leveza nessa árdua, complexa mas gratificante missão que é educar.

Capítulo 2 | Um novo vocabulário

"VOCÊ VAI VER NÃO DEVE SER ASSIM TÃO LONGE
ESSE LUGAR QUE ESCONDE O QUE SONHA ENCONTRAR
TALVEZ ATÉ SEGUINDO A PÉ PELO HORIZONTE
ALCANCE O BONDE E O BOM DE ESTAR NESSE LUGAR
VAI SE SENTIR TÃO LEVE EM PAZ
MAS MUITO EM BREVE VAI QUERER BEM MAIS
BEM MAIS LONGE
BEM MAIS LONGE
BEM MAIS"

Trecho da música: Bem Mais
Compositor e intérprete: Dani Black

Nutrir, não estimular

O desenvolvimento sadio, adequado e equilibrado da criança está diretamente ligado à capacidade de seus educadores observarem-na e, então, responderem ao que ela demanda com coerência, ofertando o que ela precisa, o que ela pede.

Nutrir o potencial que já se apresenta no seu filho é fundamental para manter nele sua chama acesa, seu foguinho interno.

Antes de te explicar o significado desse "foguinho interno", preciso destacar a importante diferença entre nutrir e estimular.

Quando o assunto é criatividade sempre aparece a pergunta: como estimular a criatividade do meu filho? Na verdade, para manter essa habilidade bem fresquinha na vida adulta, o principal cuidado que nós, pais e mães, devemos ter, é evitar os estímulos. Vou te explicar o porquê e você vai entender como isso se encaixa em vários outros aspectos de um desenvolvimento infantil saudável, adequado e equilibrado.

O significado da palavra "estímulo" para a psicologia é "provocação inconsciente, involuntária, causada por uma ação qualquer, capaz de ocasionar uma reação ou resposta". Nesse sentido, estimular é como um susto. Refere-se a dar aquilo que alguém não está esperando a fim de receber o que se quer. Todas as vezes que ouvia essa pergunta, notava que havia atrás dela a intenção de colher uma resposta favorável à expectativa do adulto. E isso me incomoda, muito.

Foi por isso que comecei a trocar "estimular" por "nutrir". Nutrir pressupõe ofertar algo mediante uma necessidade já existente. Estimular pressupõe criar uma necessidade para então ofertar aquilo que a supre.

Quando eu falo de nutrir a criatividade da criança eu estou dizendo que sua sede, sua fome por ser ou agir criativamente já estão ali com ela. Caberá a nós, educadores, observar, perceber e nutrir adequadamente a partir do que vem naturalmente da criança.

Quando ouço "estimular a criatividade" interpreto como a necessidade de acender algo que está apagado (ou se apagando) e isso NÃO ACONTECE nas crianças, especialmente se me refiro a uma criança de zero a 2 anos. As crianças são natural e fisiologicamente propensas ao agir criativo, conectadas ao seu foguinho interior. Não é preciso que a gente pense o que fazer para potencializar isso. Basta que tenhamos o cuidado de ofertar o que ela precisa, conforme sua demanda e, claro, considerando suas condições reais.

O desenvolvimento sadio, adequado e equilibrado da criança está diretamente ligado à capacidade de seus educadores observarem-na e, então, responderem ao que ela demanda com coerência, ofertando o que ela precisa, o que ela pede.

Às vezes a criança pede liberdade, noutras limites. Muitas vezes, ter clareza do seu propósito enquanto educador, do que de fato você deseja desenvolver no seu filho, lhe dará o discernimento necessário para interpretar as solicitações da criança. A criança pensa de forma literal e interpreta o que você diz e faz de forma literal. Mas ela não tem condições cognitivas suficientes (pelo menos não até seus 6 anos) para fazer uma solicitação literal.

Às vezes a criança pede chocolate, mas o que ela precisa mesmo é de um abraço, de um carinho, ou de uma frustração, do "não". Se nos falta esse discernimento, a criança cresce desequilibrada: tendo o que ela não precisa e faltando o que lhe é necessário. O desequilíbrio a afasta de sua essência.

É preciso estar atento quanto às condições, as possibilidades e a maturidade da criança. Para isso, conhecer sobre fases de desenvolvimento e períodos sensíveis pode ser muito útil. Mas, acima de tudo, estar presente e observar a criança como ela é, sem julgamentos, expectativas nem comparações, surtirá um efeito ainda maior nessa tarefa que prioriza o nutrir em vez de estimular.

Se não nutrirmos adequadamente as crianças, aí sim será preciso que as estimulemos, mais tarde, para recuperar aquilo que, por falta de nutriente, não se desenvolveu como deveria. É assim que sua chama interna perde forças de se manter acesa.

O foguinho interno

Cada pessoa só seria capaz de se sentir plena, realizada e feliz, se estivesse conectada a essa missão, realizando-a aquecido por seu foguinho interno.

Existem várias formas de chamar a nossa essência, aquilo que é nosso diferencial, que nos define como "nós mesmos". "Foguinho interno" é uma das possibilidades que mais gosto porque acredito que seja um calorzinho, uma chama, que nos aquece e nos ilumina internamente.

Pela ótica da teoria sistêmica, o propósito da nossa existência é justamente aquilo que nos difere dos demais, que nos faz únicos. Essa teoria considera que todos nós, bem como os diversos organismos da natureza, somos microssistemas orgânicos e dinâmicos que compõem uma rede, um macrossistema orgânico e dinâmico: a comunidade, o planeta, o sistema solar, o espaço cósmico - e está tudo interligado e interdependente.

O sentido se faz, justamente, nessa interligação. Na consciência de que somos mais potentes quando estamos juntos, conectados, desempenhando cada um o seu máximo potencial. É como se cada ser e cada organismo tivesse um papel ou uma função muito clara a ser desempenhada nessa rede e por essa rede.

Assim, curiosamente, cada pessoa só seria capaz de se sentir plena, realizada e feliz, se estivesse conectada a essa missão, realizando-a aquecido por seu foguinho interno. Trata-se de compreender o dinamismo que caracteriza a vida e reconhecer a unidade na diversidade. Cada um, no seu papel, se interliga ao outro e constrói uma unidade maior.

O foguinho interno é o motor que nos move em direção à essa realização. Palavra que equivocadamente passou a ser entendida como sinônimo de uma carreira e/ou um casamento bem sucedido de posse de uma casa bonita, crianças saudáveis, bem encaixadas no padrão social e uma conta no banco "digna" de orgulho. Mas nessa confusão semântica, a tal da felicidade real não existe. Precisa ser maquiada nas fotos das redes sociais.

Enquanto estivermos dispersos e apressados o suficiente em busca da realização que alguém classificou como ideal, estaremos distantes da que é real e possível. Pior ainda, estamos conduzindo nossos filhos para a mesma confusão semântica que depois se torna confusão mental.

Eu não estou dizendo para você pedir demissão e ir viver no meio do mato, longe da civilização. Mais uma vez, receio que o mais difícil seja compreender e perceber que não se trata de nenhuma revolução fantástica e ultra transformadora vista a olhos nus. Refiro-me à sutileza de nos acomodarmos na coerência entre o que desejamos e o que fazemos.

Para Rogers, a tendência auto-atualizadora mantém o foguinho interno aceso o suficiente para não permitir que nos afastemos do nosso caminho.

Para Teresa Amabile, esse foguinho é chamado de motivação ou interesses intrínsecos. Aquilo que nos move e nos mantém conectados ao nosso propósito de existir.

Para mim, esse foguinho precisa ser nutrido e alicerçado por três elementos que sustentam o que eu chamo de "tríade da educação criativa". São eles: amor, limite e liberdade criativa. Respeitar e propiciar o equilíbrio destes três fatores consiste na nossa missão, como novos pais e novas mães para as crianças deste século.

Respeitar, não obedecer

A criança que só obedece e não critica perde sua habilidade criativa e anula as possibilidades de inovar algo. A criança que respeita é uma criança filósofa.

Feche seus olhos por alguns minutos e lembre-se de uma situação na sua infância em que você ouviu algo como "Obedece sua mãe, menino!". Tente se recordar do que você sentia quando ouvia isso? Será que mudaria algo se, em vez de "obedecer" você ouvisse "respeitar"?

É possível que, só trocando as palavras nesta cena que você se recordou não lhe apresente muita diferença. Por isso, preciso te dar outro exercício: o que significa obedecer e o que significa respeitar? Qual a diferença entre estes dois verbos? Respondo, mas sugiro que você invista alguns minutinhos refletindo antes de ler minha definição sobre isso.

Obedecer fala de uma via de mão única. É o famoso "manda quem pode e obedece quem tem juízo". A relação é sempre unilateral, não há retorno.

Respeito inclui uma via de mão dupla. É algo que vai e volta, dinamicamente, necessariamente. Dificilmente alguém respeitar sem ser respeitado.

Educar as tais "novas crianças" pode ser muito mais eficiente se você trocar obedecer por respeitar. Explico. As crianças querem ser ouvidas, respeitadas. São críticas, questionadoras e não se calarão facilmente. São corajosas e atrevidas. Não cedem à obediência cega.

A obediência é algo de fundamentação ignorante. Ou seja, quem obedece não pensa, não critica, não questiona. Apenas obedece! E isso é grave: gravíssimo!

Muitas situações de abuso sexual, por exemplo, acontecem

porque a criança obedece cegamente um adulto, sem questionar o que ele lhe pede para fazer ou sem ter coragem para encontrar um jeito de sair daquela situação por temor da consequência à não obediência. Pode parecer exagero mas é a isso que o obedecer conduz.

Trocar obedecer por respeitar não é tão difícil assim. Para começar, sugiro que inicie pensando o seguinte: a boa obediência está voltada para regras não para pessoas. As crianças devem obedecer regras e respeitar pessoas. É totalmente diferente.

O sinal vermelho precisa ser respeitado, também. Ele diz "pare" e é preciso parar. Concordo que neste exemplo o termo "obedecer" pode ser mais eficaz, porque não cabe questionamento aqui. Todavia, reforço que se o conceito de "respeitar" estiver bem trabalhado, este comando será obedecido e acrescentado de valor. O valor da crítica, de onde geralmente partem as inovações.

A criança que só obedece e não critica perde sua habilidade criativa e anula as possibilidades de inovar algo. A criança que respeita é uma criança filósofa. Lúcia Helena Galvão diz: "o homem muito bem intencionado pode ser manipulado, o filósofo tem uma referência de direção" (Lúcia Helena Galvão Galvão, professora de filosofia). Quem critica, quem questiona dificilmente será manipulado.

Neste mundo moderno precisamos muito mais de pessoas respeitosas do que de pessoas obedientes.

Crianças não são presentes

Enquanto tratamos os nossos filhos como presentes, vamos fazendo com eles qualquer coisa.

O que você faz quando recebe um presente? Será que respeitamos o que ganhamos, ou conseguimos ser gratos ao esforço que a pessoa teve na tentativa de nos agradar?

"Meu filho é um presente que Deus me deu!" Enquanto tratamos os nossos filhos como presentes, vamos fazendo com eles qualquer coisa. Geralmente, quando recebemos um presente, independente se achamos o embrulho bonito ou não, temos curiosidade e um certo ânimo.

Depois que a gente abre o pacote, pode ser que a gente goste ou não. E talvez só por consideração à pessoa que nos deu a gente até tenha algum tipo de zelo e carinho.

Mas à medida que o tempo passa, independente do que você sentiu pelo que recebeu, o presente passa a não ser mais novidade. E o melhor de qualquer presente é tão somente isso: a novidade. Até que a vida vai voltando ao normal e aquele presente vai ficando de lado. Vai se tornando mais um objeto qualquer na decoração da nossa casa. E a gente não dispensa mais atenção. Nem carinho.

Por vezes este objeto até começa a ser motivo de chateação. Começa a incomodar. Parece que não tem mais valor e só ocupa um espaço. Até que, putz é difícil confessar, mas a gente tem vontade de jogar fora! Porém, em consideração a quem nos deu, a gente paga um bom especialista para consertar, pra tornar útil e novo, de novo.

Um presente é só um presente.
E as crianças não são presentes.

Com certeza eu também já disse que os meus filhos são presentes que Deus me deu.

Mas a verdade é que isso saiu da boca para fora. A verdade é que eu repeti sem nenhuma autocrítica. Aliás, como a maioria das atitudes que dirigimos aos nossos filhos: a gente só repete.

E foi quando eu me permiti refletir sobre isso que eu tive a necessidade de sugerir às pessoas que trocassem a expressão "presente que Deus me deu" por "uma vida que Deus me confiou".

Seu(s) filho(s) são vidas que chegaram aos seus cuidados porque Deus (ou a vida, como preferir) confiou em você. Só por isso te entregou! E entregou acreditando, quase apostando, que você faria essa vida resplandecer.

Quando tomamos consciência dessa confiança, então nos dedicamos inteiramente.

A diferença entre essas duas formas de se referir aos nossos filhos tem um efeito inconsciente. É possível que, independente do que você diga, você se perceba fazendo seu melhor, ou pelo menos tentando fazer, porque de fato é um amor genuíno e imensurável. Mas receio que muitos de nós não estejamos completamente cientes da missão que é ter um filho e educá-lo.

Quando você diz que ele é "um presente pra você" o foco do seu olhar está voltado para você, para o seu prazer e honra por recebê-lo. Quando você diz que ele é "uma vida que Deus confiou a você", conscientemente você assume que essa missão diz respeito a você e a ele. Diz respeito a duas vidas. A você que foi digno de confiança para recebê-lo e a ele que precisa de você para fazê-lo brilhar.

Os nossos filhos não chegam até nós por acaso e é preciso que tenhamos consciência disso todos os dias. Nós temos uma missão para com eles. Eles não são um presente que só nos dá a prazer.

Fazer uma flor desabrochar requer cultivo: regar, adubar, propiciar sol ou sombra adequadamente. Requer podar. Requer paciência e dedicação para deixar que ela cresça seguindo seu próprio rumo. Porque se a gente tentar encurvá-la sem respeitar seu ritmo e suas propriedades naturais, ela quebra e possivelmente não sobreviverá.

Os nossos filhos são vidas que Deus nos confiou. Os nossos filhos são flores que a vida plantou em nosso jardim certa de que somos capazes de cultivá-la e fazer desabrochá-la.

Por mais difícil que tenha sido seu caminho até aqui, cuidando e cultivando seu filho, lembre-se que a vida não confiou em você à toa. Ela sabe que você é o melhor jardineiro ou a melhor jardineira para ele. Prova disso, aliás, é que você está se dedicando a ler este livro para, quem sabe, incorporar um novo olhar sobre a necessidade real de uma nova educação.

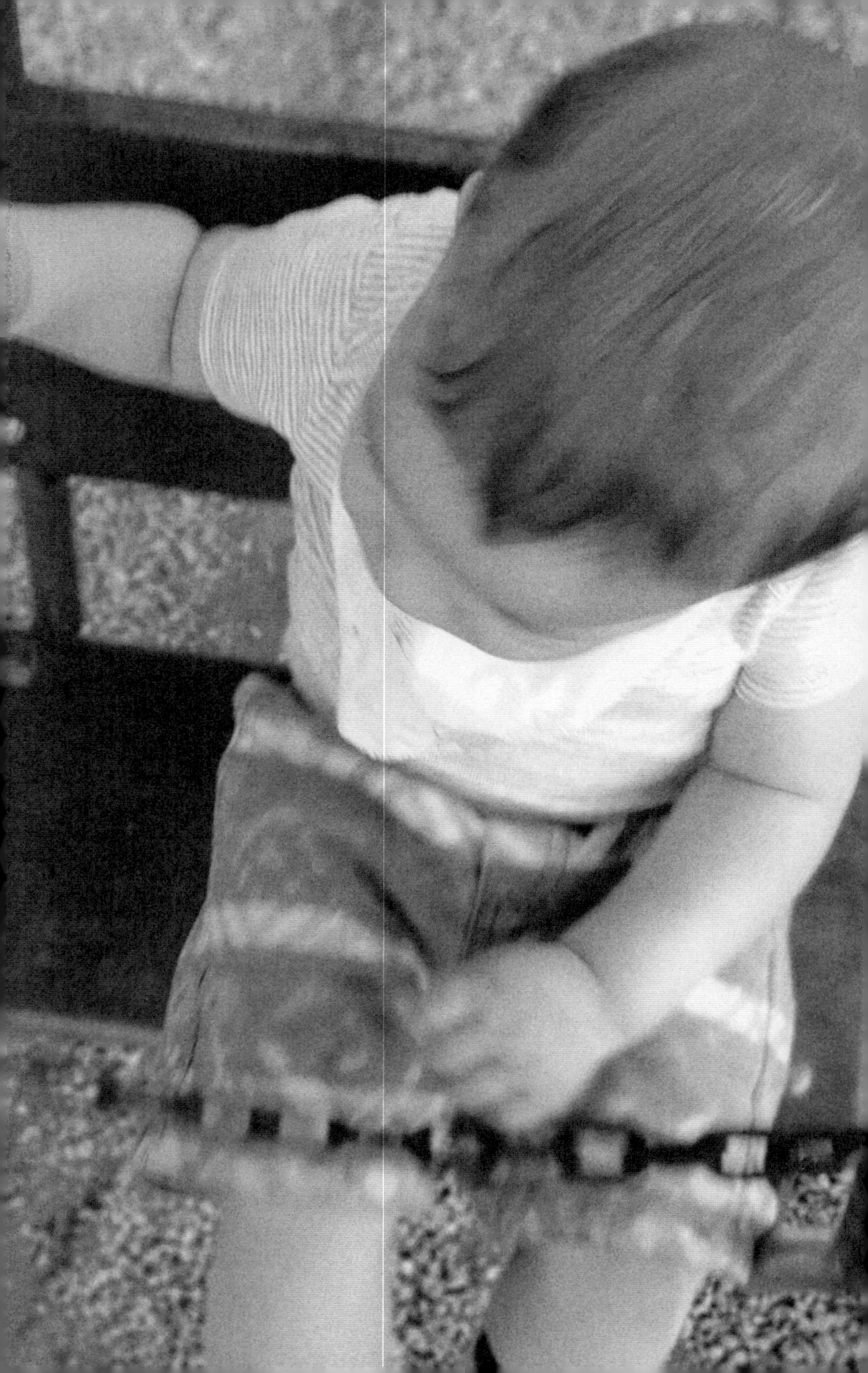

Capítulo 3 | Uma nova educação

"SER AMOR PRA QUEM ANSEIA
SOLIDÃO DE CASA CHEIA
DAR A VOZ QUE INCENDEIA
TER UM BOM MOTIVO PARA
ACREDITAR
MAIS BONITO NÃO HÁ"

Trecho da Música: Mais bonito não há
Compositora e Intérprete: Milton Nascimento e Tiago Iorc

A tríade da educação Criativa

O desenvolvimento adequado e equilibrado das crianças requer três fatores: amor, limite e liberdade criativa

Padrão social é diferente de padrão natural. O padrão social é regido por princípios racionais para a manutenção de um poder social. O padrão natural é algo que orgânica e dinamicamente se repete conforme as leis da natureza, as quais não podemos controlar.

Ao longo da minha jornada até aqui, eu percebi um padrão natural nos adultos leves, criativos e alegres. Eram sempre pessoas com autoestima bem calibrada, que reconheciam a si mesmo e aos outros e eram protagonistas de suas próprias histórias. Uni minha percepção a alguns estudos e entendi que o desenvolvimento adequado e equilibrado das crianças requer três fatores: amor, limite e liberdade criativa - e requer que estes três sejam ofertados na "medida certa."

Amor

Amor adequado é aquele que se manifesta pela essência, e não pela expectativa.

Será que existe medida certa para o amor? Primeiro, preciso dizer que certo ou errado muitas vezes é somente uma questão de perspectiva. Prefiro usar a palavra "adequada" neste caso porque, embora seja também uma questão de perspectiva, implica num olhar de dentro para fora e não de fora para dentro.

Amor adequado é aquele que se manifesta pela essência, e não pela expectativa. Esta "medida" de amor considera amar as pessoas como elas são, e não como elas deveriam ser.

Será que amamos os nossos filhos como eles são? Quando lhes damos um abraço, estamos dando porque eles precisam ou porque nós precisamos? Quando andamos de mão dadas, estamos protegendo nossos filhos ou segurando a nossa criança interior que em algum lugar está abandonada? Quando oferecemos colo, estamos atendendo um pedido deles ou satisfazendo uma suposta carência nossa? Quando lhe pedimos para calar aquele choro irritante, estamos dando o que eles precisam ou cuidando exclusivamente do nosso sossego?

Talvez essas perguntas lhe provoquem a equivocada percepção de que precisaremos atender sempre a criança, como se ela precisasse estar o tempo todo no centro de nossas atenções. Mas o amor adequado não é sobre desequilibrar a equação para o outro lado. Não é sobre apagar você para ascender a criança. É sobre a relação autêntica que se promove no equilíbrio de ambas essências: a sua e a dela.

Educar é relacionar-se.

A educação leve e criativa acontecerá no equilíbrio dessa relação.

O que acontece é que, como fomos pouco ouvidos, como não tivemos espaço para conhecer e libertar nossa essência, ela foi embotada e agora, na relação de poder (consciente ou inconsciente) que ronda o vínculo mãe-filho ou pai-filho, ela quer se manifestar egoistamente. Consciente ou inconscientemente, sua voz quer se sobrepor a de seu filho por que percebe nessa relação (com quem é mais frágil) a oportunidade que sempre procurou, de se fazer ouvida.

A necessidade de "poder" com que nascemos não é essa que publicitariamente se vende e que pressupõe dinheiro e status. Trata-se tão somente da necessidade natural que temos de nos fazermos ouvidos. Afinal, se nascemos com o propósito claro de ser quem somos, então precisamos ter lugar e espaço para sermos e, então, sermos aceitos como somos. Este é o poder que precisamos. Poder ser.

Todavia, por não poder ser, essa necessidade se desloca para o locus do controle. Do que precisamos controlar. Arrisco dizer que as personalidades mais controladoras são, na verdade, as pessoas que mais foram caladas ou, talvez, as que mais tinham energia e vontade de se fazerem ouvidas.

Por que é bem verdade que algumas pessoas são mais "dóceis" que outras. E ainda que Hipócrates tenha tentado segmentar conjuntos de comportamentos como sendo "temperamentos" eu percebo que o que distingue estes comportamentos são:

um saldo maior ou menor de energia com que a pessoa nasce para para proteger sua luz, seu foguinho interno;

suas possibilidades de se fazer ouvida;

seu nível de aceitação social, balizado por como se estabelecem as suas principais relações (geralmente familiares).

Toda essa análise pretende com que você perceba o quanto foi programado para se calar e o quanto, por isso, você tenderá naturalmente, como mãe ou pai, sobrepor sua voz e sua linguagem de amor à de seu filho.

Enquanto não encontrarmos o devido lugar para nossa voz, enquanto não nos sentirmos plenamente aceitos e amados ao nosso próprio jeito, retroalimentaremos este ciclo vicioso de calar crianças e apagar essências.

Por isso, falar de amor adequado é falar de autoconhecimento e, portanto, de percepção do que é seu e do que é de seu filho.

Gary Chapman descreveu em seu livro "As cinco linguagens do amor" cinco formas que percebeu como sendo padrões naturais de como as pessoas se sentem amadas. É uma leitura enriquecedora, embora seja praticamente impossível classificar uma pessoa como fluente em só uma linguagem de amor. Todavia, vale ressaltar o conceito que ele descreveu como "tanque do amor".

Para Chapman o amor é o combustível que permite a pessoa estar em movimento. Este movimento diz da sua auto realização mas também de sua capacidade de estabelecer relações mais saudáveis com aqueles que lhes abastecem de amor.

Nesse sentido, cabe chamar a atenção para os falsos abastecimentos como aqueles originários de relacionamentos abusivos. Sim, este não é um tema exclusivo da relação adulto-adulto. Infelizmente existem muitíssimos casos de relacionamentos abusivo no campo pai-filho e mãe-filho, velados e protegidos por aquela velha máxima: "ele é meu filho eu faço com ele o que eu quiser".

Estes falsos abastecimentos funcionam assim: a pessoa autoritária ou empoderada cava um tanque naquele com quem se relaciona para preencher ao seu bel prazer e oferecer a falsa sensação de preenchimento, pertencimento e gratidão. Não é disso que estou falando.

Digo do esforço genuíno de perceber como seu filho se sente amado, pertencente e aceito, do jeitinho natural que ele é. Ou seja, trata-se de um tanque do amor intimamente conectado ao foguinho interno da criança.

A complexidade humana é tamanha que não dá para definirmos um passo-a-passo sobre como encontrar o amor adequado para seu filho, mas estou certa de duas dicas que podem facilitar bastante a sua descoberta.

A primeira delas é observar o que e como seu filho se sente feliz. Quando ele abre sorrisos sinceros? Quando ele suspira e suas bochechas ficam rosadas? Observe quando ele faz isso e esteja certo de que o que provocou essas reações neles são pistas certeiras de como (ou pelo quê) ele se percebe amado, pertencente e aceito. Saiba, porém, que isso não é estático: não será assim para sempre. Por isso, este trabalho de observá-lo deve ser constante.

A segunda dica é percebê-lo mais alegre e mais respeitoso na relação com você.

As crianças têm um senso de equilíbrio e justiça apurados. Por isso, respeitarão você naturalmente quando sentirem que você as respeita. E isso quer dizer amor.

Limites

Realizar-se passa por descobrir nosso gigantesco potencial mas também por reconhecer nossos limites humanos e naturais. A criança que não aprendeu sobre limites pode perder a vida tentando ser uma árvore, porque terá interpretado de forma absurdamente equivocada que "pode tudo".

As crianças são água de um rio e, por isso, precisam de margens adequadas. Margens largas demais não oferecem ao rio a força de que ele precisa para seguir seu caminho. Margens estreitas demais o faz transbordar e escapulir do rumo natural que devia seguir. Somente com margens adequadas o rio é capaz de encontrar o mar, essa imensidão que significa a vida em seu sentido mais profundo e real.

O ser humano, como qualquer outro animal, é um ser limitado. Pena de quem não acredita nisso. Foi a falsa visão de que temos que ser super-produtivos para nos encaixarmos no mercado de trabalho que originou esse discurso estranho de sermos ilimitados. Ou talvez tenha sido a vontade genuína de não ser limitado àquilo que não se é, o que tenha se escapulido nesse discurso.

Não, nós não podemos tudo, infelizmente. Mas podemos, sim, mais do que nos foi dito. Realizar-se passa por descobrir nosso gigantesco potencial mas também por reconhecer nossos limites humanos e naturais.

A criança que não aprendeu sobre limites pode perder a vida tentando ser uma árvore, porque terá interpretado de forma absurdamente equivocada que "pode tudo".

Lembro-me de quando minha professora de psicopatologia disse que as crises psicóticas, especialmente a esquizofrenia, iniciam com o choque a um NÃO que não lhe foi apresentado na infância. Eu demorei a entender e precisei estudar mais sobre isso em casa. A psicanálise refere-se a este "não" como sendo a presença do pai, ou da figura paterna, interferindo adequadamente a relação mãe-filho(a). Mas, aqui, preciso chamar a atenção para todos os "nãos" que precisamos apresentar à criança, como limites que potencializam seu potencial e não o contrário.

Não me refiro àquele excesso de "não" cuja única intenção é calar a criança. Refiro-me àqueles que agem como margens adequadas para conduzir o rio ao seu caminho natural.

Para esclarecer, gosto de usar outra metáfora: a poda e o corte.

No início deste livro chamei as crianças de flor e ilustrei a nossa missão como sendo a responsabilidade de cuidá-la e fazê-la desabrochar. Para este cultivo, a poda se faz necessária.

A diferença entre poda e corte está na consequência e na técnica, porque o gesto é grosseiramente o mesmo: tirar um pedaço. A técnica utilizada na poda analisa o lugar mais adequado e propício para uma retirada, garantindo que a consequência seja fazê-la crescer mais e melhor. Para o corte parece não haver estudo de técnica. Corta-se de tal forma que dali não nasce nem cresce mais nada. Morre.

A arte de oferecer limites às crianças é análoga à arte de podar as plantas. Refere-se a uma consciência presente e a uma observação atenta para saber qual limite colocar, quando e como apresentá-lo para a criança.

Se cada criança é única, difícil estabelecer parâmetros padronizados sobre como fazer isso para todos. Todavia, durante meu trabalho com grupos de crianças, percebendo a importância de estabelecer mínimos limites para convivência harmoniosa do grupo, ousei criar os 4 combinados universais. Antes de definí-los, porém, preciso explicar o contexto onde nasceram.

Grupos são versões *pocket* de comunidades, são mini-comunidades. Lidar com grupos de crianças e desejar uma convivência harmônica entre elas me fez refletir sobre o propósito da Educação e o papel fundamental dos limites nisso. Até porque a palavra "educação" muitas vezes se confunde com o significado dos limites.

Quero dizer, quando alguém diz "fulano é sem educação" está se referindo a uma pessoa que não tem limites. A alguém folgado que não sabe, não respeita ou não entende as regrinhas básicas de convivência humana e social.

O propósito da educação é justamente fazer com que nós consigamos perceber que não estamos sozinhos neste mundo e que, ao contrário, compomos uma teia complexa e interconectada. Concorda comigo que se só existisse uma pessoa na terra ela não precisaria ser educada? Ela poderia fazer o que bem quisesse. É a presença de mais pessoas, ou seja, a composição de um grupo que faz necessária a Educação.

Nesta teia complexa a que me referi e que noutra parte deste livro contextualizei como teoria sistêmica, cabe não só reconhecer o outro como também reconhecer a si mesmo e os diferenciais particulares de cada um, que os une.

A percepção de que o futuro é colaborativo passa por apreender o real sentido dessa teia. Colaborar é construir na prática e de forma concreta as interligações desta teia. Além disso, só é capaz de colaborar ou solicitar colaboração quando se tem consciência de que ninguém é autossuficiente.

Ou seja, quando percebo meu potencial ou talento (o que me permite oferecê-lo para outra pessoa) e quando percebo que me falta algo que outra pessoa pode completar. Assim, reconheço o outro, seu potencial e seu talento, e simultaneamente reconheço minha vulnerabilidade e a possibilidade (se não necessidade) de nos conectarmos.

Observe portanto como os limites são, na verdade, potencializadores de potenciais. É o que tira as pessoas do egocentrismo e as fazem ver e respeitar o outro. Não dá, por exemplo, para ser empático, se não se tem noção de limites. Porque para eu "me colocar no lugar do outro" (como consiste a definição mais senso-comum de empatia) é preciso, antes, eu reconhecer o outro. E este "outro" não se refere somente a outras pessoas, mas também às coisas e à natureza, a tudo o que compõe nosso entorno.

Deste contexto nasceram os 4 combinados universais, que são: 1. cuidar de si mesmo, 2. cuidar do outro, 3. cuidar da natureza e 4. cuidar das coisas. Aqui, a palavra cuidar traz um significado mais inteligível para a criança do que é "respeitar". Afinal, se eu cuido, eu respeito.

São chamados de combinados universais porque se referem à lei universal do respeito e da harmonia para com a teia de que fazemos parte. E, já que as crianças pensam e interpretam de forma literal, estes combinados são coerentes à capacidade da criança de apreender conceitos, justamente porque valem em todas as ocasiões, e não só em algumas delas.

Comecei a perceber a necessidade de combinados que realmente fossem universais quando eu me reunia às crianças e, ao pedir que elas me dissessem quais combinados gostaria de fazer antes de iniciarmos nossas atividades, sempre aparecia aquele clássico das escolinhas tradicionais: "se quiser falar tem que levantar a mão e esperar a professora deixar". E eu me questionava porque este era um combinado tão "batido", tão forte na cabeça das crianças e, ao mesmo tempo, pouco praticado.

Foi quando, conectando ao que eu estudava de neurociência e desenvolvimento cognitivo, percebi que ele não era praticado todas as vezes porque provocava certa confusão mental. Afinal, "quando estou brincando de casinha com minha amiga não preciso levantar a mão antes de falar nem aguardar ser autorizada para isso"- pensa a criança. "Simplesmente falo e escuto", organicamente guiada pelo fato de que só escuta quem está calada. "E na brincadeira gostosa com a minha colega eu desejo ouvi-la e, por isso, naturalmente me calo." Não precisa haver um combinado concreto para isso.

Naturalmente as crianças praticam o combinado universal 1 e 2. Cuidam do seu interesse e do papel da amiga na brincadeira. Isso não diz somente sobre a capacidade de interpretação que ainda é tão literal na primeira infância, diz também de uma ordem interna que naturalmente se expressa nas crianças - até que elas sejam confundidas por limites que cortam essa escuta.

Na prática, se trabalharmos bem os quatro combinados universais, eles naturalmente se adequam às diferentes circunstâncias da vida, regidos por princípios verdadeiramente incorporados pela criança.

Assim, **"cuidar de si"** ora exigirá que a criança preste atenção para não se machucar, ora com que se lembre de se alimentar ou beber água.

"Cuidar do outro" presume uma relação de respeito com o colega, que evita agressões físicas ou verbais, que o abraça e o acalenta quando ele solicita, que o escuta respeitosamente.

"Cuidar da natureza" pressupõe cuidar do ambiente, evitar poluí-lo ou degradá-lo, economizar energia, água, papel.

"Cuidar das coisas" facilita a manutenção da ordem do espaço, da organização dos brinquedos. Pressupõe guardar o brinquedo no mesmo lugar para que quando o colega quiser usar, encontrará ali. E requer, ainda, que evite quebrar ou estragar coisas e objetos se isso não servir para um propósito (criativo) de fato.

Já conheci muitas pessoas criativas. Mas, uma delas em especial, chamou a minha atenção para a conexão entre limites, criatividade, autenticidade, egocentrismo e empatia. Era uma pessoa altamente criativa, acima do normal. Quando conheci sua história, percebi claramente que lhe faltaram limites. Completamente.

O lado positivo disso era que, como faltaram os cortes, a pessoa tinha uma alta capacidade de assumir seu jeito de ser e expressar-se autenticamente. Aparentemente tão em essência que encantava a todos por onde passava. Aparente porque, quando se aproximava, quando se relacionava mais de perto, apresentava algo que afastava as pessoas.

__ Na oportunidade deste encontro, eu percebi que sim, a

ausência de cortes potencializa a criatividade e a autenticidade. Mas quando se trata da ausência completa de limites, então consiste também na falta de podas, aqueles nãos que nos servem para apresentar o outro, a relação, a partilha.

Assim, a ausência de podas talvez tenha sido o principal fator que fez dessa pessoa alguém exageradamente ingênua por um lado e altamente egocêntrica por outro. Ingenuidade e egocentrismo tem em comum o não reconhecimento do outro. O que impede de se praticar empatia, de fato.

Assim, quando falo da tríade da Educação Criativa estou falando não só de equilibrar os três fatores entre eles como também em não deixar nenhum deles pender para qualquer extremo (nem o de privação e nem o de excesso).

Liberdade Criativa

A criatividade é uma habilidade que tende a nos conduzir para a ampliação de nossa consciência. Só ela nos permite olhar para uma mesma coisa por mais de um ponto de vista.

Talvez esta expressão seja um pleonasmo. Mesmo assim, gosto de apresentá-las lado-a-lado porque é importante evidenciar estes dois conceitos: de liberdade e de criatividade.

Pela ótica da filosofia, liberdade é a condição de ser livre e agir por si próprio de acordo com a própria vontade. Pela ótica do desenvolvimento infantil, está relacionada a propiciar autonomia, independência e protagonismo para a criança. Todavia, para que este conceito não descambe para o egocentrismo e individualismo, a ética reforça a responsabilidade que é inerente à liberdade.

Liberdade só existe quando há um "não". São interdependentes. Se não houvesse liberdade não precisaria haver limites e vice-versa. Eu só posso ser livre, de fato, pressupondo e respeitando o espaço do outro.

Somente na liberdade para ser quem eu sou, considerando e respeitando o meu entorno é que me conecto ao meu foguinho interno, é que o descubro e, só então, posso assumi-lo e fazê-lo valer.

Mas liberdade criativa vai além disso porque considera expressar-se. É sobre expressão, sobre agir criativo para além do conceito raso de criatividade, como ela vem sendo resumida pelo senso comum.

Criatividade não é dom restrito a algumas pessoas nem muito menos uma habilidade que se aplica exclusivamente à produção de artefatos, artesanato, peças artísticas ou publicitárias. Não é específico dos artistas, nem da dança, do teatro, das pinturas e esculturas, nem da literatura. Criatividade é uma habilidade natural, potencializada por um processo estudado (dividido em etapas possíveis) e que, quando praticada e fortalecida é capaz de configurar como uma nova maneira de ver o mundo. A criatividade é uma habilidade que tende a nos conduzir para a ampliação de nossa consciência. Só ela nos permite olhar para uma mesma coisa por mais de um ponto de vista. É ela que nos capacita a compreender as diferentes facetas das coisas, dos fatos e das pessoas como possibilidades dignas de existir para além de uma única concepção ou definição.

Teresa Amabile (1989) cunhou o termo "intersecção criativa" para defender que a criatividade enquanto habilidade direcionada para realizar um produto final concreto, não acontece em todas as áreas de nossa vida. Para ela, só conseguiremos produzir algo criativo quando estivermos numa zona que compreende a intersecção de três fatores:
1. Conhecimento teórico e prático
2. Atitudes específicas (como dedicação, concentração, persistência) e modelo mental propenso ao agir criativo (capacidade de quebrar padrões, suspender julgamentos, ver através de diferentes ângulos, etc)
3. Motivação intrínseca

Por exemplo, eu não serei capaz de criar um animal se:
1. Eu não conhecer o conceito de animal (o que é um animal?)
2. Eu não for capaz de me dedicar, me concentrar e persistir na criação de um animal diferente dos demais (para isso, terei de suspender o julgamento nas etapas iniciais do processo criativo para não eliminar precocemente uma ideia que ainda não está boa, etc)
3. Eu não estiver verdadeiramente interessado e motivado para realizar tal tarefa.

Ao longo da minha experiência, especialmente como arteterapeuta de crianças e adultos eu percebi um peso mais forte sobre o terceiro fator: a motivação intrínseca. Quando agimos neste campo fica muito mais fácil adquirir os conhecimentos, as habilidades e as atitudes necessários para realizar o que precisamos. Ademais, é interessantíssimo perceber que quando atuamos conectados à nossa motivação intrínseca, mais facilmente desenvolvemos o modelo mental criativo - o que, para mim, é o viés da criatividade que nos é mais útil e importante.

Essa é, portanto, uma das principais dicas que eu ofereço para adultos que desejam resgatar sua criatividade: dedicar mais tempo para fazer o que realmente gosta. É no nosso hobby, naqueles momentos que temos prazer genuíno, que começamos a reacender nosso potencial criativo. Por tudo isso, permitir que a criança vivencie liberdade criativa é um fator fundamental para uma educação equilibrada e respeitosa.

Toda vez que você valoriza a liberdade criativa, você está dizendo: "Eu me importo, compreendo e valorizo seu jeito único de ser. Aqui, quem você é tem lugar para ser." Você mostra que se importa com o que ela está dizendo e faz com que ela se sinta respeitada. Quanto mais respeitada a criança se sente, mais respeito ela dá em troca.

Por isso, sugiro não só que você fortaleça seus gestos que autorizam a criança a ser quem ela é, que lhe permitem liberdade criativa, mas também separe um espaço específico que chamo de cantinho da Liberdade Criativa. Pode ser um quarto, uma mesa, uma lousa ou o que for possível. Desde que esse seja o espaço "da criança".

O ambiente no qual ela possa brincar à vontade e sem restrições. Onde ela, uma vez respeitando os 4 combinados universais, pode fazer o que ela quiser, absolutamente. Assim ela exerce seu direito de ser livre e suas possibilidades de se expressar, além de se aproximar de seu foguinho interno.

Você pode definir por quanto tempo ela usará esse espaço e quando, mas esta é uma atividade fundamental para compor o quadro de rotina das crianças. Este cantinho também pode ser bastante útil como seu laboratório de observação do agir mais natural do seu filho. Observando o que ele faz e como ele faz as coisas ali você capta dicas preciosas sobre seu foguinho interno, sua motivação intrínseca e seu jeito peculiar de ser e ver a vida.

Educar com Criatividade

Se estamos genuinamente interessados na educação de nossos filhos o processo de educá-los será como o processo criativo aplicado à zona de intersecção criativa. Ele fluirá naturalmente e ciclicamente, sempre resultando em algo "melhor".

Conseguir perceber as coisas por diferentes ângulos, passar por diferentes pontos e conseguir associá-los para, então, chegar a uma nova resposta é o âmago da Criatividade. E é sobre esse âmago que eu me interesso e sobre o qual eu me refiro quando falo de educar com criatividade. Afinal, essa nova resposta será, possivelmente, um autêntico novo olhar e novo agir para com seu filho.

Entender essa profundidade e, ao mesmo tempo, simplicidade da habilidade criativa lhe permitirá incorporar atitudes mais autênticas para educar seu filho, despindo-se de qualquer outro rótulo que a Criatividade tem e que, eventualmente, te impede de tentar ser criativo.

Muitos estudiosos da criatividade conseguiram definir um processo que ilustrasse como essa habilidade se apresenta para nós. Basicamente são quatro etapas principais:

INPUT - PROCESSAMENTO - OUTPUT - AVALIAÇÃO

A primeira etapa, input, refere-se ao movimento de entrada, quando recebemos informações. Estas informações chegam até nós por vários caminhos: pesquisa, experiências, livros, filmes, vivências, etc... Tudo compõe nossa bagagem intelectual e emocional que moldam a forma com a que vemos e lemos o mundo.

Vamos imaginar que estas informações são, agora, personagens que viajavam mundo afora e que, uma vez que as conhecemos, elas se duplicam. Uma, então, entra pelo portal de sua mente, curiosa por conhecer como é lá dentro. A outra (seu clone), permanece disponível no mundo para que outras mentes o encontrem. As informações são tão generosas que elas sempre se duplicam. Sempre entra uma e a outra permanece disponível para mais mentes.

Entrar, ou seja, passar por este portal, é a etapa de input.

A segunda etapa do processo criativo, o processamento, pode ser subdividida entre incubação e iluminação. Isto porque, uma vez que as informações chegaram até sua mente elas ficarão rondando por ali, como quem tem curiosidade para descobrir o novo lugar que está. Este tempo em que elas passeiam livremente é chamado de incubação. É o momento em que as informações estão relaxadas e seguindo seu fluxo natural.

Com essa mesma naturalidade elas encontrarão outras informações com as quais desejam conversar (duas, três, não importa). E, uma vez que essa conversa flua, acontece o momento de iluminação. Ou seja, a conexão entre duas ou mais informações forma uma nova informação, uma ideia! Este é também o famoso momento eureka.

É importante destacar aqui que, quando temos pressa ou urgência para criar uma ideia não respeitamos a naturalidade com que caminham aquelas informações em nossa mente. Este é um processo que não se pode controlar. Quanto mais pressionamos as informações para conversarem entre si, mais elas ficam tímidas e, portanto, não revelam todo seu potencial numa conversa. É por isso que o período de incubação necessariamente requer que você, dono da mente, deixe-nas livres! Já reparou que grandes ideias surgem quando a gente menos espera? Quando estamos no banho ou até mesmo dormindo? Esta é a comprovação de que as informações constróem conversas melhores quando não as controlamos.

Importante ressaltar que este princípio é algo que eu nomeio assim. Não quer dizer que eu o inventei porque ele é algo implícito em todas as descrições da etapa de incubação, dos mais diversos estudiosos do assunto. Mas, de fato, não conheci, na literatura disponível sobre criatividade, essa definição.

Todavia, uma vez que ao longo de meus estudos e minha vivência prática, o percebi agir de forma tão clara e poderosa, entendi como necessário, senão prudente, lhe dar um nome e um maior lugar de importância em todo o processo na minha própria descrição. Este princípio define diretamente a qualidade do resultado de todo processo criativo.

Existem algumas técnicas de apresentação dessas informações umas às outras, para facilitar o surgimento de uma conversa entre elas. Mas impressionante como funcionam com maior potência quando o princípio da naturalidade e da fluidez dessa conversa é respeitado na condução da técnica.

O "Eureka" de Aristóteles não ficou famoso à toa. Ele respeitou este princípio. Aconteceu quando Aristóteles depois de muito se dedicar à etapa do input e tentar forçar um processamento, resolveu ir tomar seu banho, relaxadamente. Talvez ele não tivesse consciência sobre isso, mas quando ele relaxou ele permitiu que as informações seguissem seus rumos naturais, livres de seu comando.

Sigamos para a terceira etapa, o output. Uma vez que a ideia apareceu (a partir de uma conversa fluida entre duas ou mais informações) preciso que ela saia para servir o mundo. De uma forma menos poética e mais prática, a terceira etapa refere-se ao momento em que a ideia é colocada em exposição, falada, apresentada. Ela sai da omissão mental e ganha o mundo real. E é por isso que criatividade não se restringe só ao fato de ter boas ideias. O propósito da criatividade é sua servidão. E, para isso, ela precisa passar também pelas etapas 3 e 4 também.

Na etapa 3, portanto, a ideia é dita e colocada em prática, à serviço de um problema, uma necessidade. A ideia é realizada. Os resultados de sua realização, se funcionou ou não, se atendeu ou não, se resolveu ou não, precisam ser avaliados para que ela cumpra seu propósito que é SERVIR. Isto é no que consiste a quarta etapa: avaliar e, a partir disso, formatar possibilidades de retorno.

Por exemplo, suponhamos que a ideia não funcionou completamente. Caberá na quarta etapa um breve estudo de porque não funcionou, o que faltou, para retroalimentar o processo. Com essa clareza a próxima etapa (volta à etapa 1 para captar novos inputs) tende a ser mais assertiva.

Observe como o processo criativo é orgânico, fluido e cíclico.

Para Teresa Amabile (1989), quando estamos operando na nossa zona de intersecção criativa, possivelmente seremos chamados de perfeccionistas. Isto porque, uma vez atuando no nosso campo de motivação intrínseca sempre identificamos algo na etapa 4 que pode retroalimentar o processo e produzir algo novo.

Talvez aqui possa ficar mais claro o que eu quis dizer naquele capítulo que discorri sobre "a tal da melhor versão". Se estamos genuinamente interessados na educação de nossos filhos o processo de educá-los será como o processo criativo aplicado à zona de intersecção criativa. Ele fluirá naturalmente e ciclicamente, sempre resultando em algo "melhor".

Entender o processo educativo como orgânico nos livra da ansiedade racional de buscar ser melhor porque naturalmente já somos e sempre seremos.

Educar com Leveza

O educador com postura criativa é leve. Ele reconhece o peso, sente, observa-o e transforma-o.

Leveza não pressupõe que as coisas sejam sempre maravilhosas, que dêem sempre certo ou que olhemos tudo por uma ótica cor de rosa.

"Não falo aqui da leveza que nos aliena e nos condena à superfície" (Leila Ferreira, 2016). Leveza diz respeito, antes de mais nada, a assumir nossa humanidade que necessariamente pressupõe aceitar nossa vulnerabilidade. É ter certeza de que não vai dar para ser perfeito nem ideal. Se assim fosse, não seria humano.

Não é sobre não se sentir culpada, é sobre olhar e dar lugar para este sentimento e, numa postura criativa, transformá-lo em algo mais útil positivamente.

Não é sobre dizer sempre que "está tudo bem" nem sobre "ter que respirar fundo" toda hora. É sobre não ter medo de pedir ajuda quando as coisas não estiverem bem e perceber que, nesses momentos, até respirar fundo é difícil. É perceber o que acontece e o que sente e agir criativamente (produtivamente) a partir disso.

É por isso que não dá para desconectar leveza de criatividade. O educador com postura criativa é leve. Ele reconhece o peso, sente, observa-o e transforma-o. E é por isso que a missão de educar com leveza e criatividade é tão mágica e complexa, ao mesmo tempo.

Se me conecto à minha essência, conecto-me à minha criatividade. Se pratico meu olhar e minha postura criativa perante a vida e, especialmente, perante a forma com a que escolho educar meu filho, educo com mais leveza. Assim, apresento ao meu filho um caminho mais humano, que aceita suas vulnerabilidades, seu jeito único de ser. Por isso, mantenho aceso nele seu foguinho interno, sua criatividade e facilito com que ele cresça mais propenso a ver a vida e lidar com o mundo de uma forma mais leve e criativa.

De novo (eu sempre precisarei destacar isso), não é sobre descobrir a fórmula mágica da educação. Educar com leveza e criatividade não resolve todos os problemas da humanidade nem garante a felicidade sua ou do seu filho. Trata-se somente de um possível caminho de aproximação a um mundo mais harmônico, coerente e humano.

E, vale lembrar, que dentro dessa característica "humana" tem frustração, tem queda, tem incômodos. Por que é dinâmica: tem altos e baixos, quentes e frios, sempre. Educar com leveza e criatividade é tão somente uma possibilidade para perpassar pólos ou extremos ou inconstâncias de uma forma mais fluida e harmoniosa.

O caminho do meio

Compreender que a vontade da criança existe e precisa de espaço para ser manifestada, expressa e realizada e, ao mesmo tempo, compreender que sua vontade nem sempre é compatível com as possibilidades.

O caminho do meio que proponho nem sempre está no meio exato. Nem sempre é 50%, nem sempre é morno. O caminho do meio é o do equilíbrio e já que educação é relação (humana) este equilíbrio nem sempre é matemático: é dinâmico.

Trata-se de uma compreensão delicada sobre a autoridade da mãe e do pai. Algo que está entre o autoritarismo e a permissividade. Por vezes terá que permitir, deixar fazer. Outras terá que ser contra a vontade da criança. No meio do caminho está o equilíbrio. A capacidade de compreender que a vontade da criança existe e precisa de espaço para ser manifestada, expressa e realizada e, ao mesmo tempo, compreender que sua vontade nem sempre é compatível com as possibilidades.

Trata-se do equilíbrio entre limites e liberdade criativa, o qual não tem receita certa. O fator que torna a educação um ato tão difícil é que ela não é matemática. Sua lógica não é exata. Dá certo para um e não dá para outros.

Algumas crianças precisam do morno, outras do quente, outras do frio. E a gente precisa descobrir isso. Ou melhor, precisa estar aberto para essa descoberta contínua, lenta e interminável. Afinal, não somos finitos. A mesma criança que precisa de frio hoje pode precisar de calor amanhã. Complexo, assim.

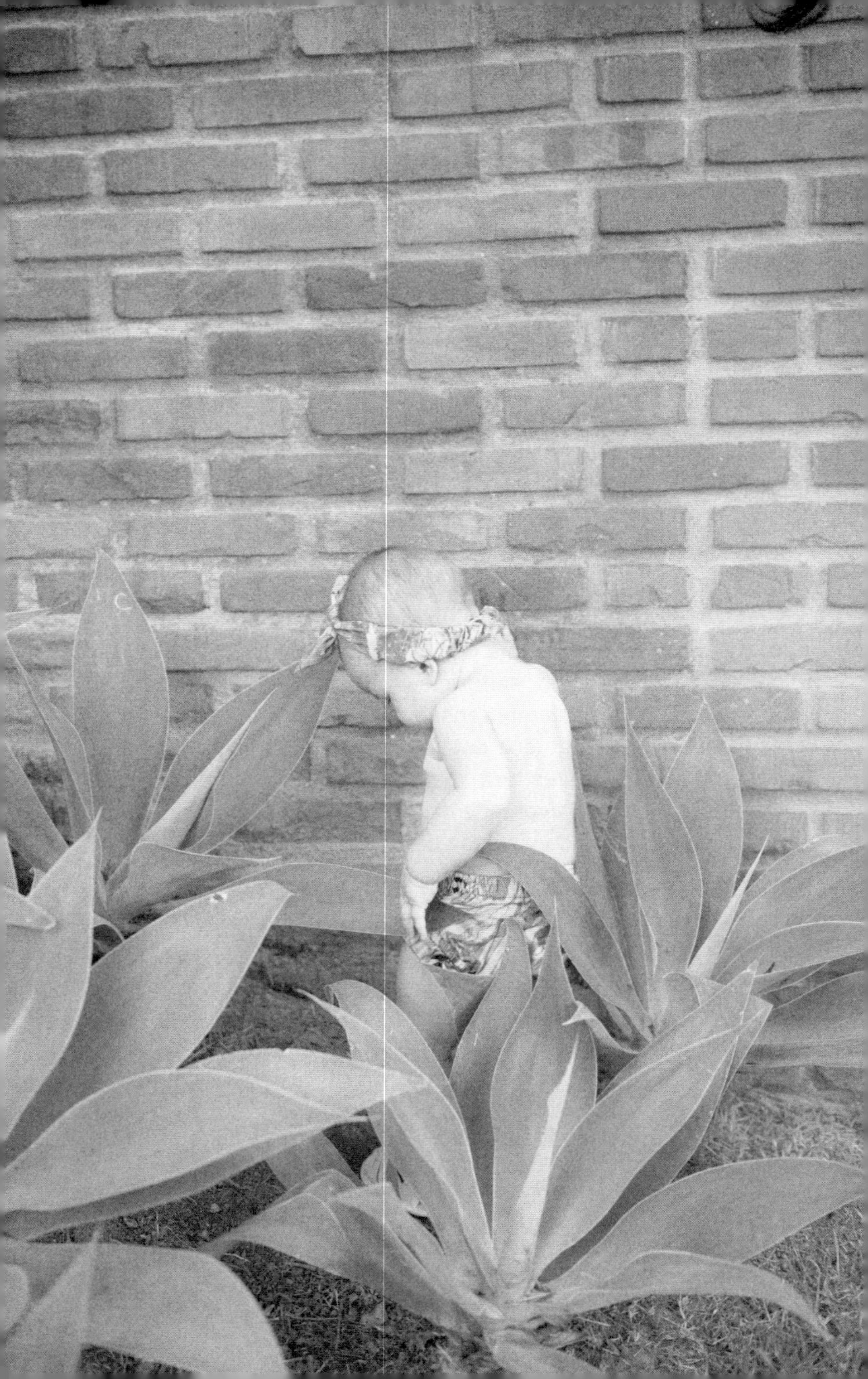

Capítulo 4 | Um novo olhar

"E NO MEIO DISSO TUDO
'TAMO TIPO PASSARINHOS SOLTOS
A VOAR DISPOSTOS
A ACHAR UM NINHO
NEM QUE SEJA NO PEITO
UM DO OUTRO"

Trecho da música: Passarinhos
Compositor: Emicida
Intérprete: Emicida e Vanessa da Mata

Temperamento, personalidade e "lugar de amor"

Nosso jeito de ver e se relacionar com nossos filhos pode equilibrar comportamentos que ocupem extremos não saudáveis. E a manutenção desse equilíbrio passará por reconhecer o quanto você, pai ou mãe, está fazendo com que a criança se sinta amada, aceita e pertencente, agindo daquela forma.

Você conhece alguma pessoa que tenha mais de um filho e que diga que seus filhos são muito parecidos nas questões comportamentais? Eu ainda não. Conheço pais e mães que têm filhos fisicamente muito parecidos. Gêmeos, até. Mas que tenha comportamentos 100% semelhantes, nunca vi.

Gosto de fazer essa provocação para propor um novo olhar sobre as diferenças dos nossos filhos. Um olhar importante e necessário sobre o lugar de amor que eles ocupam.

Todas as diferenças entre irmãos não podem cair somente sobre as questões dos temperamentos ou das personalidades. Afinal, parte da definição do temperamento de uma criança é genética/hereditária, outra parte é sorteio da vida. E, se assim são, porque nunca (ou quase nunca) dois irmãos têm o mesmo temperamento ou personalidade?

Temperamento é um código que programa um tipo de funcionamento da criança. Personalidade é o resultado da relação deste código com as pessoas e o ambiente em que se encontra. De acordo com a teoria Freudiana, a base da personalidade é formada ao longo dos primeiros sete anos de vida da criança.

Existem códigos que apresentarão mais dificuldades relacionais, outros mais facilidades. A forma como seus pais se relacionam com estas características é fator determinante para a personalidade que é construída.

Ao longo desse processo, porém, as crianças vão ocupando lugares de reconhecimento e valorização pelos seus pais. Vão se sentindo mais ou menos amadas, aceitas, pertencentes.

Basicamente o que quero dizer é que, "se meu irmão tira muitas notas boas na escola e é elogiado por isso, inconscientemente eu entenderei que este lugar de amor já está ocupado. Portanto, precisarei me dedicar a ocupar outro lugar de destaque e, naturalmente, abdicarei das notas na escola."

A partir desse exemplo você pode lembrar que conhece uma família cujos 4 filhos tiram notas boas na escola. Todavia, a questão não requer uma interpretação tão simplória. Se estamos falando de comportamento, então o que precisa ser compreendido é que, mesmo que haja semelhanças, sempre haverão diferenças por causa dessa interpretação inconsciente de "lugar de amor" e, não só, devido a temperamentos e personalidades.

É por isso, aliás, que os grandes estudiosos das teorias dos temperamentos afirmam: "temperamento não é destino". Não é uma definição rígida. Será customizado a partir do ambiente em que está e, especialmente, das relações que estabelece.

Nosso jeito de ver e se relacionar com nossos filhos pode equilibrar comportamentos que ocupem extremos não saudáveis. E a manutenção desse equilíbrio passará por reconhecer o quanto você, pai ou mãe, está fazendo com que a criança se sinta amada, aceita e pertencente, agindo daquela forma.

Agora, pode ser que você diga: "mas é claro que eu não estou fazendo meu filho achar que eu gosto de quando ele faz a maior bagunça na casa e joga tudo pro alto". Mas a questão nem sempre passa pela diretividade. Neste caso, talvez a pergunta mais adequada para se fazer seja "onde eu estou permitindo que meu filho se sinta amado, pertencente e aceito?".

Afinal, possivelmente ele não se sente visto de nenhuma outra forma e, por isso, ocupou o lugar da bagunça que é onde ele está sendo visto.

Comportamento indesejável e a tríade da Educação Criativa

Todo "mau" comportamento denuncia um desequilíbrio.

Todo "mau" comportamento denuncia um desequilíbrio. Algumas vezes o desequilíbrio é só aparente. Todavia, se este comportamento tornou-se uma constante, então trata-se de um desequilíbrio real que precisa ser avaliado e recuperado.

A criança pode pegar uma birra porque ela queria comer chocolate na hora do jantar e você não deixou. Sendo essa uma situação pontual, estamos diante de um desequilíbrio aparente: a criança sente-se em desvantagem, frustrada em seu desejo, por isso grita e esperneia.

Depois de um tempo, passa: ela se tranquiliza. Porém, se a criança logo em seguida faz outra birra, pelo mesmo motivo ou outro qualquer, e depois mais outra e no dia seguinte umas cinco e isso se repete por semanas ou meses, trata-se de um desequilíbrio real da tríade que defendo: amor, limites e liberdade criativa não estão bem calibrados.

Na maioria das vezes em que apresentamos um limite à criança ela se sente frustrada. É comum que essa sensação venha acompanhada de crises de choro e outras manifestações gestuais mais dramáticas, conhecidas como birras. Lidar com elas é, de fato, uma tarefa difícil mas necessária. Não dá para fingir que nada está acontecendo, afinal, representam necessidades importantes das crianças e oportunidades educativas muito relevantes.

A fase das birras existe, sim. Na primeira infância, geralmente são predominantes entre os dois e quatro anos, período que é chamado por alguns autores de "adolescência da infância" e ficou conhecido no senso comum como "terrible two".

Mas trata-se tão somente de uma fase em que as crianças estão precisando de ajustes mais claros naqueles fatores da tríade do equilíbrio. É uma etapa do desenvolvimento infantil em que elas precisam se sentir amadas com mais clareza, o que necessitará de limites mais bem estabelecidos e de liberdade criativa com mais oportunidade de expressão. Novamente repito que os níveis de calibragem desses três fatores serão variados conforme as características de cada criança.

Para dispor de um novo olhar sobre o comportamento indesejado apresentado pelas crianças considero interessante fazer uma reflexão mais profunda e criativa, dos significados do choro e da frustração.

Porque não deixamos a criança chorar?

Deixar a criança chorar é possível e necessário.

O choro é uma expressão de emoção. Pode ser alegria, tristeza, medo, raiva ou frustração. Nos bebês bem pequenos pode representar a mais simples reclamação, como um aviso de fome, fralda suja, calor, frio.

O choro da criança é comumente bastante angustiante para os adultos, seus cuidadores. Primeiro, por que representa a voz contida e o choro negado da mãe ou do pai em suas infâncias (Gutman, 2016). Muitas vezes fomos impedidos de chorar quando éramos crianças, fomos obrigados a nos calar. Por isso, aquele choro da criança nos incomoda porque representa também o nosso choro que não pôde ser expresso.

Quando a mãe (ou o pai) se permite chorar, a criança se acalma. É impressionante o que pais equilibrados provocam em seus filhos. Chorar é um ato de alívio para nós, adultos, que reflete direta e claramente no bem estar dos nossos filhos. Por isso, eis uma dica: chore junto com a criança quando realmente sentir essa vontade!

Talvez, o segundo motivo pelo qual o choro da criança nos angustie tanto seja por que estamos focados no ideal de mãe (ou pai) perfeita (o). Assim, o choro da criança provoca em nós o arquétipo da mãe-má (pai-mau): mãe (ou o pai) que faz a criança chorar. Por isso, entramos numa angústia tremenda e tentamos todas as formas possíveis de evitar aquilo para sentirmo-nos boazinhas (bonzinhos) novamente.

Um terceiro motivo que percebo agindo sobre nós de uma forma muito clara diz da nossa real e concreta falta de controle. Neste caso, a angústia nasce ao nos percebermos incapazes de (ou impotentes para) curar, aliviar, amenizar tudo. E isso nos provoca muita frustração. Logo, como não fomos acostumados a lidar com nossas próprias emoções e, nem muito menos, com as nossas frustrações, este fator também nos desperta o desejo de calar aquele choro, cessando, portanto, nosso incômodo. Afinal, eu preciso controlá-lo! Dito isso, é válido ressaltar que deixar a criança chorar é possível e necessário. Não me refiro aqui, portanto, àquela interpretação mais comum que pressupõe abandonar a criança em seu choro: dar-lhe as costas e ignorar sua expressão. Definitivamente não é sobre isso.

Atitudes como essa comprometerão o desenvolvimento cerebral da criança não só pelo simples fato orgânico da liberação do hormônio do estresse em seu organismo mas, sim, muito mais, porque a criança se sentirá sozinha, perdida, sem seu principal porto seguro. Isso acarretará em baixa auto-estima além de dificuldades para desenvolver sua segurança e auto-confiança.

Quando digo "deixar chorar" refiro-me a permitir que a criança se expresse através do choro. Que ela não seja calada nem punida por isso. A criança tem que ter seu espaço de expressão preservado pois isso é determinante para o seu processo de individuação, ou seja, para seu desenvolvimento psíquico, para ela reconhecer-se como indivíduo, como pessoa: autônoma e autêntica.

Neste sentido, deixar a criança chorar não quer dizer que você é uma mãe má ou um pai-mau, pelo contrário. Ouvindo e acolhendo o choro da criança você estará investindo no desenvolvimento de sua inteligência emocional.

A criança será capaz de entender positivamente os limites que você coloca quando você conseguir lidar com o choro como sendo uma expressão natural e saudável de sua sensação de frustração.

A frustração é frustrante

Impedir que a criança se frustre ou que se expresse a partir de uma situação frustrante a desconecta da realidade. Por isso, as birras são uma grande oportunidade para apresentar-lhes a vida real.

Possivelmente o comportamento indesejável está relacionado a algum evento frustrante ou percepção de frustração para a criança. O que mais tira o equilíbrio dos pais na hora de lidar com as birras, por exemplo, é justamente o encontro com a frustração. Ainda que ela não venha do adulto ou que ele nem perceba claramente o motivo de frustração da criança, trata-se de um encontro simbólico e real, ao mesmo tempo. Muitas vezes incomoda o adulto porque ele também não sabe lidar com suas próprias frustrações.

O título desse subcapítulo não é um pleonasmo à toa. É pra trazer uma clareza necessária, que de tão simples parece tornar-se invisível.

É claro que se a criança receber um NÃO quando ela quer um SIM ela vai se frustrar. Que se você insistir que ela faça aquilo que ela não quer fazer ela vai se frustrar. E que naturalmente ela chore por isso. Afinal, o choro é a primeira manifestação que ela conhece para expressar sua frustração.

Na maioria das vezes, quando o adulto quer acabar com uma birra ele está querendo inconscientemente acabar com a frustração da criança. Ou porque ele não vê o motivo que ela tem para se frustrar ou porque ele não sabe lidar com isso.

Talvez tenha nascido nestes detalhes aquela frase "vou te bater para você chorar com motivo".
Uma vez que ser agredido é um motivo claramente conhecido pelo adulto como passível de frustração. O adulto que fala isso possivelmente é um adulto que já "apanhou" na sua infância (do seu pai, sua mãe ou qualquer outra pessoa). Então fica mais fácil pra ele ouvir o choro depois de uma agressão. É como se inconscientemente ele pensasse: "Agora eu deixo ele chorar porque, agora, faz sentido pra mim esse choro. Afinal, eu também já chorei por isso".
Impedir que a criança se frustre ou que se expresse a partir de uma situação frustrante a desconecta da realidade. Por isso, as birras são uma grande oportunidade para apresentar-lhes a vida real. Saber lidar com as birras é o que permitirá que a criança se prepare para circunstâncias e cenários reais e muito comuns de uma vida adulta.
A criança, quando entende que a frustração faz parte dela, da sua vida, que ela pode se expressar a esse respeito e que é capaz de transformá-la em algo positivo tenderá a se aceitar por inteiro, em sua essência.
Para Carl Jung (2008d) somos constituídos de Luz e Sombra. São "luz" as nossas características socialmente aceitas. São "sombras" as características que precisamos esconder, que são socialmente desprezadas, mas que são igualmente nossas. E para Jung, somente seremos inteiros quando aceitarmos também as nossas sombras.
Para Carl Rogers (2001), somente alcançaremos a realização de nosso máximo potencial se estivermos conectados a nossa essência, a quem somos em nossa própria completude.
Assim sendo, permitir que a criança se frustre, ou seja, assistir a uma birra, é um exercício para que ela se conecte à realidade da vida e à sua essência. É portanto, um ótimo exercício de crescimento e desenvolvimento pessoal.

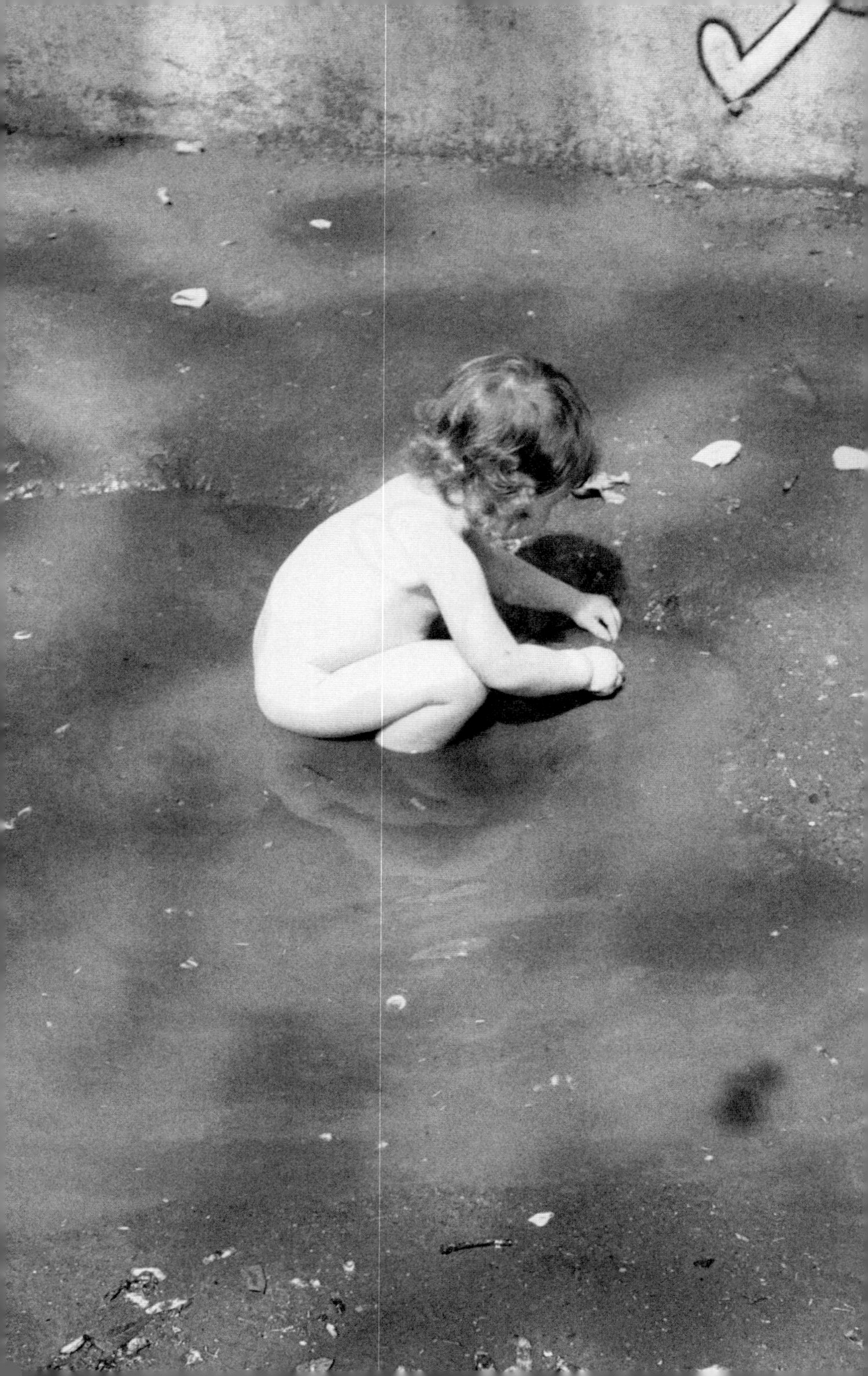

Capítulo 5 | Um novo agir

*"NÃO É RISCO
NEM PAVOR
NÃO SE DÁ NO MEDO
OU NA DOR
QUEM QUISER IR ALÉM-MAR
VAI SE DEIXAR LEVAR NO MAR
PRO SEU LUGAR"*

Trecho da música: Maré
Compositores: Silva / Lucas Silva
Intérprete: Silva

Postura criativa para alcançar leveza

Talvez o peso sobre o educar esteja na expectativa de que as coisas funcionarão sobre uma ordem estática, concreta, racional e lógica. E como isso não é verdade e isso não acontece, fica mais pesado mesmo. Leveza é reconhecer que essa ordem é fluida e dinâmica.

A postura do educador é o que caracteriza o processo educativo (o *maternar* ou o *paternar*) como leve ou pesado. A postura criativa é a aplicação das facetas do processo criativo no nosso agir diário com as nossas crianças.

Adotar uma postura leve e criativa começa por entender que tudo o que vem dos filhos, todas as dicas de especialistas, médicos, amigos e parentes são inputs e não certezas absolutas. Tudo aquilo que chega até nós não pode ser exposto ou praticado tal qual chegou. Isso é repetição. E a repetição é caracterizada pela energia mortífera, segundo Freud.

O que quer dizer que tudo o que se repete está levando à morte de algo. O que é dinâmico e vivo, nasce da energia criativa (ou pulsão de vida). Ou seja, se eu encaro todas as informações que chegam até mim como inputs eu tenho consciência que elas não podem sair sem antes conversarem com outras informações que já tenho em minha bagagem.

Neste exato ponto me refiro a você permitir que todos estes inputs conversem com sua realidade, seu próprios valores e princípios, seus sentimentos e emoções, suas condições práticas. Aqui caberá, fundamentalmente, autoconhecimento. Você precisará conhecer-se. Conhecer o que já compunha sua bagagem antes da chegada destes outros inputs. Você já tinha informações antes de se tornar pai ou mãe. Você já possuía vontades, percepções e intuição antes de receber orientações. É complexo mas pode ser fácil. Basta que você se pergunte: o que EU faço com isso? E dentro desse EU observe tudo o que você é e tem.

A postura criativa ressalta nossa autocrítica, esta que nos foi tirada por anos a fio pelo modelo tradicional de educação que ainda, infelizmente, prevalece em muitas escolas e famílias. Aquele em que o professor, ao questionar o aluno, deseja que ele o responda com as mesmas palavras ditas quando estava "ensinando", exatamente de acordo com o que o professor pensa. Ou seja, repetição e não criação.

Mundo "real" e natureza têm em comum a dinâmica, a instabilidade. Nada está parado. Se nada está parado, repetir é incoerente à atualização, por isso possivelmente morre. Enquanto eu repito eu desconsidero as novas condições que o mundo dinâmico, a natureza orgânica me apresentam neste novo momento. Eu faço igual para algo que é novo. Claro que não vai dar certo!

Talvez o peso sobre o educar esteja na expectativa de que as coisas funcionam sobre uma ordem estática, concreta, racional e lógica. E como isso não é verdade e isso não acontece, fica mais pesado mesmo.

Leveza é reconhecer que essa ordem é fluida e dinâmica. Por isso, só existirá leveza quando agirmos criativamente sobre as coisas e os fatos.

Educar não é fácil

No meio de uma convivência opressora e desrespeitosa, que historicamente ignora a educação e, mais ainda, a primeira infância, as famílias, por mais bem intencionadas que sejam, sofrem com olhares e julgamentos alheio.

Eu pari meus filhos em dois partos sem anestesia, sobre o que não me gabo. Afinal, não sinto que o mais dolorido foi expelí-los. Foi esperá-los. Elisa nasceu de 40 semanas e 5 dias. Filipe de 41 semanas e 5 dias. Num cenário em que uma gestação padrão dura 40 semanas e sobre o qual médicos utilizam desculpas absurdas para apressar o nascimento logo que as 37 semanas estão completas.

Por esperá-los, sim e literalmente, sinto-me orgulhosa.

Num mundo em que somos obrigados a seguir o ritmo das máquinas e nos acelerar exponencialmente, esperar pelo tempo deles foi o mais difícil.

Elisa nasceu num parto gostoso. Eu estava tão disposta a viver aquilo que confesso ter tido contrações indolores, tamanha minha entrega àquele momento. Tendo sido tão boa minha primeira experiência, supus que a chegada de Filipe seria ainda melhor. Não necessariamente.

A começar pelo fato de ele ter demorado ainda mais para dar o sinal de que estava pronto para chegar. Com quase 42 semanas, eu acordei as 6h da manhã depois de ter tomado um laxante. Passei a noite no banheiro e os movimentos intestinais provavelmente estimularam as contrações uterinas. Tive uma dilatação total muito rápida, mas um período expulsivo muito lento. Até que precisei da intervenção técnica da médica que até então só assistia. Ela o ajudou a sair utilizando um instrumento chamado Vacum (uma ventosa que puxa o bebê para fora, pelo topo da sua cabecinha).

O tempo total do parto da Elisa foram 10h. Do Filipe foram 4h. E a sensação é que ele demorou mais para sair do que ela. Eu olho para os partos como metáforas da nossa missão enquanto educador.

Para algumas pessoas vai doer mais do que para outras. Alguns educadores precisarão de uma intervenção específica, outras somente de apoio. Entre todo esse processo haverá muito amor e muito prazer, mas inevitavelmente também muito esforço e até dor, o que não é o mesmo que sofrimento. Além de muitos palpites inadequados, para os quais o melhor que faremos será seguir nosso instinto mais natural.

Aprendi, me preparando para os partos, que sofrer poderia ser só uma interpretação possível de tudo aquilo. E eu optei por olhar para minha dor como um sacrifício de amor em gratidão à confiança de Deus por me fazer mãe. Talvez por isso tenha conseguido dispensar anestesias, mas não ajuda e nem apoio.

Educar não dá para fazer sozinha. E eu costumo brincar que precisa ser algo feito por no mínimo dois, a mesma quantidade de gente necessária para produzir uma criança.

No parto da Elisa eu estava emocionalmente mais preparada. No do Filipe eu tinha um milhão de outras preocupações na minha mente. Mesmo o da Elisa tendo demorado mais, a sensação de maior dificuldade está no parto do Filipe. O que me faz refletir sobre outro ponto: educar será mais difícil se estivermos menos preparados, menos equilibrados. E, portanto, pode ser pior do que difícil: pode ser sofrido.

Ao longo dos meus sete anos de consultório ouvindo famílias e mais de 18 anos observando crianças em suas manifestações mais autênticas eu vi, principalmente, muitos pais e mães sofrerem. Aos que eram pais de crianças com desenvolvimento atípico, talvez esse sofrimento fosse mais compreensível, porque de fato não é fácil ter uma criança (pessoa) com diagnóstico (minha nova definição para PcD - originalmente significa Pessoa com Deficiência) em casa.

Mas o ponto que mais me angustiava e chamava minha atenção era o fato de as famílias das crianças com desenvolvimento típico e aparentemente sem nenhuma deficiência também sofrerem tanto, ou até mais. Generalizadamente, a sociedade impõe o seguinte: 1. Das crianças "normais" é exigido algum tipo de notoriedade, de destaque, de prestígio. 2. Das crianças "especiais" (odeio essa definição) é negado a oportunidade de seu desenvolvimento pleno, do alcance de seu máximo potencial.

Sou uma profissional de saúde que quase levanta a bandeira do não-diagnóstico. Só não faço isso por dois motivos. Primeiro porque tenho certeza de que ele é útil e bastante positivo para algumas crianças, ainda que seja minoria. E segundo porque tenho a esperança de que a nossa sociedade consiga, um dia, olhar para ele como se deve. Como uma orientação honesta, específica e potencializadora da criança que o detém. E não como limitante e devastante para o desenvolvimento e a vida social da criança, como acontece, infelizmente, com a maioria.

No meio de uma convivência opressora e desrespeitosa, que historicamente ignora a educação e, mais ainda, a primeira infância, as famílias, por mais bem intencionadas que sejam, sofrem com olhares e julgamentos alheios. Este livro é, portanto, uma iniciativa para empoderar pais e mães que desejam respeitar mais seus filhos e iluminar famílias que percebem que algo precisa mudar urgentemente.

Processo Criativo e Processo Educativo - o que os une

Educar uma criança equilibradamente, com leveza e criatividade, requer perceber e respeitar a naturalidade manifestada nela.

Existe algo no processo criativo que é muito coerente com o processo de educar uma criança. É aquilo que nomeei lá na "segunda etapa": o princípio da naturalidade e da fluidez, como chamei. Receio que toda vez que o homem deixou prevalecer sua racionalidade a este princípio algo se desequilibrou.

Educar uma criança equilibradamente, com leveza e criatividade, requer perceber e respeitar a naturalidade manifestada nela. Os bebês nascem com este princípio vivo e pulsante. Afinal, eles estavam no ambiente que talvez seja o mais natural que estarão pelo resto de suas vidas: o útero de sua mãe, onde tudo funcionava organicamente em equilíbrio.

Lá dentro não tem frio nem calor. Não tem fome nem sede. Ele se desenvolve segundo o princípio da naturalidade e da fluidez. Até que chega a este mundo e nós, pais e mães, por já termos nos afastado tanto desse princípio, entendemos como sendo o melhor a fazer direcionar nossa racionalidade para definir e atuar nos cuidados com ele. E assim, vamos afastando-o de sua natureza, sua essência, impedindo-o de construir conexões potentes ao longo da vida. Afinal, seu potencial estará sempre intimidado quando não houver o respeito ao referido princípio.

Não trato aqui, de uma negação da nossa racionalidade. Afinal, ela como uma qualidade especialmente humana também tem seu propósito de existir. O problema é quando a colocamos num lugar que é soberano às demais. Isso não honra o princípio da naturalidade e, portanto, não será fluido nem equilibrado. Nosso desafio é olhar e compreender todas as nossas faculdades humanas (as masculinas e as femininas) e permitir que todas ocupem seu devido espaço, sem sobreposições. Isto é equilíbrio.

Criatividade e educação tem ligações íntimas. Não é à toa que dizemos "criar um filho". Trata-se, sim, de um processo respeitoso de criação que só atingirá seu potencial maior se estiver coerente ao princípio da naturalidade.

Se a criança não precisasse de um adulto para tornar-se "si mesma" a natureza não teria feito com que ela se originasse da união de dois adultos. Pais e mães têm papel fundamental na criação de seus filhos, que não deve estar no extremo de espectador nem, muito menos, no de controlador.

Por falar nisso, já percebeu como a criança vem literalmente de um processo criativo? Um processo que recebe inputs (óvulo e espermatozóide), que os combina e gera um produto (a criança), que depois sai e precisa cotidianamente ser retroalimentado.

Começa naturalmente assim e, por isso, só será equilibrado se continuar nesse ciclo criativo, que flui mais intuitivamente do que racionalmente.

A colher e a língua

É tolice não nos deixarmos impactar nem nos sensibilizar pelo que a criança nos traz. É tolice o desejo de controlá-la, com frieza, encaixando-a em padrões, promovendo repetições.

Lúcia Helena Galvão apresentou em sua palestra para o TEDx Fortaleza uma passagem do livro budista Darmapada que faz uma metáfora sobre pessoas perspicazes e pessoas tolas. Ela diz:

> "O homem perspicaz quando tem contato com o sábio é como a língua em contato com a sopa. O homem tolo quando tem contato com o sábio é como a colher que tem contato com a sopa. Ou seja, totalmente insensível, não registra absolutamente nada.
> Ter contato com o conhecimento é ser como uma língua e não como uma colher. Então, não se mede uma pessoa pela quantidade de conhecimento por qual ela tem contato [mas sim] com a quantidade com a qual ela se comprometeu.
> O homem se alimenta não daquilo que ele ingere, que ele come, mas daquilo que ele assimila."

Proponho interpretarmos este conto trocando a palavra "homem" por "educador" e a palavra "perspicaz" por "criativo" Entendendo que a sopa pode ser conhecimento mas também a criança que você educa.

É tolice não nos deixarmos impactar nem nos sensibilizar pelo que a criança nos traz. É tolice o desejo de controlá-la, com frieza, encaixando-a em padrões, promovendo repetições.

Educar é um processo criativo. O que necessariamente implica num impacto sensível entre duas ou mais pessoas, informações inputs - que é o que caracteriza as relações autênticas.

Desejo que a leitura deste livro tenha contribuído para que você desempenhe seus papéis cada vez mais como língua, em vez de colher.

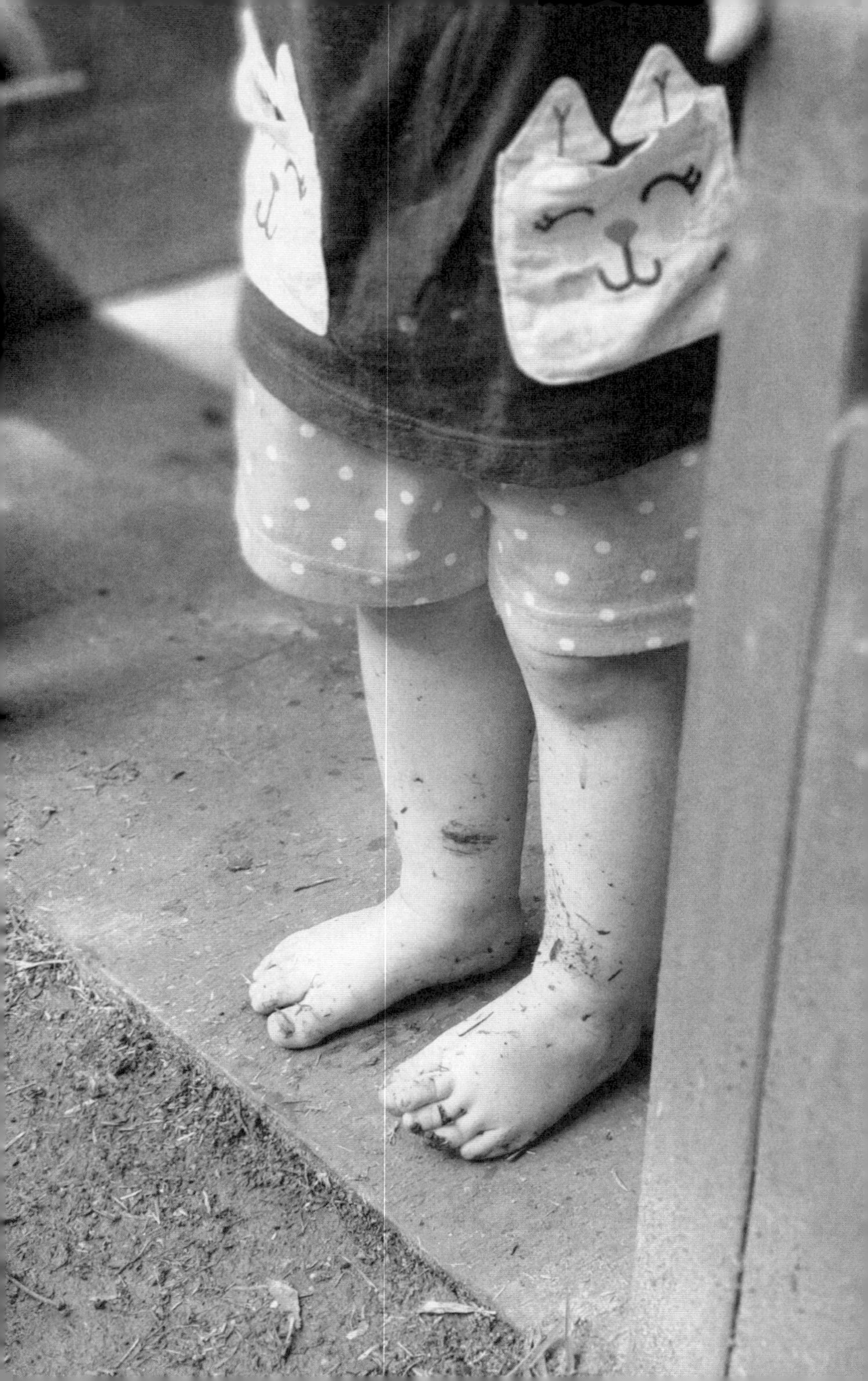

"EU SOU MAIOR
DO QUE ERA ANTES
E SOU MELHOR
DO QUE ERA ONTEM
EU SOU FILHO DO MISTÉRIO
E DO SILÊNCIO
SOMENTE O TEMPO VAI ME
REVELAR QUEM SOU"

Trecho da Música: Maior
Compositor: Dani Black
Intérpretes: Dani Black e Djavan

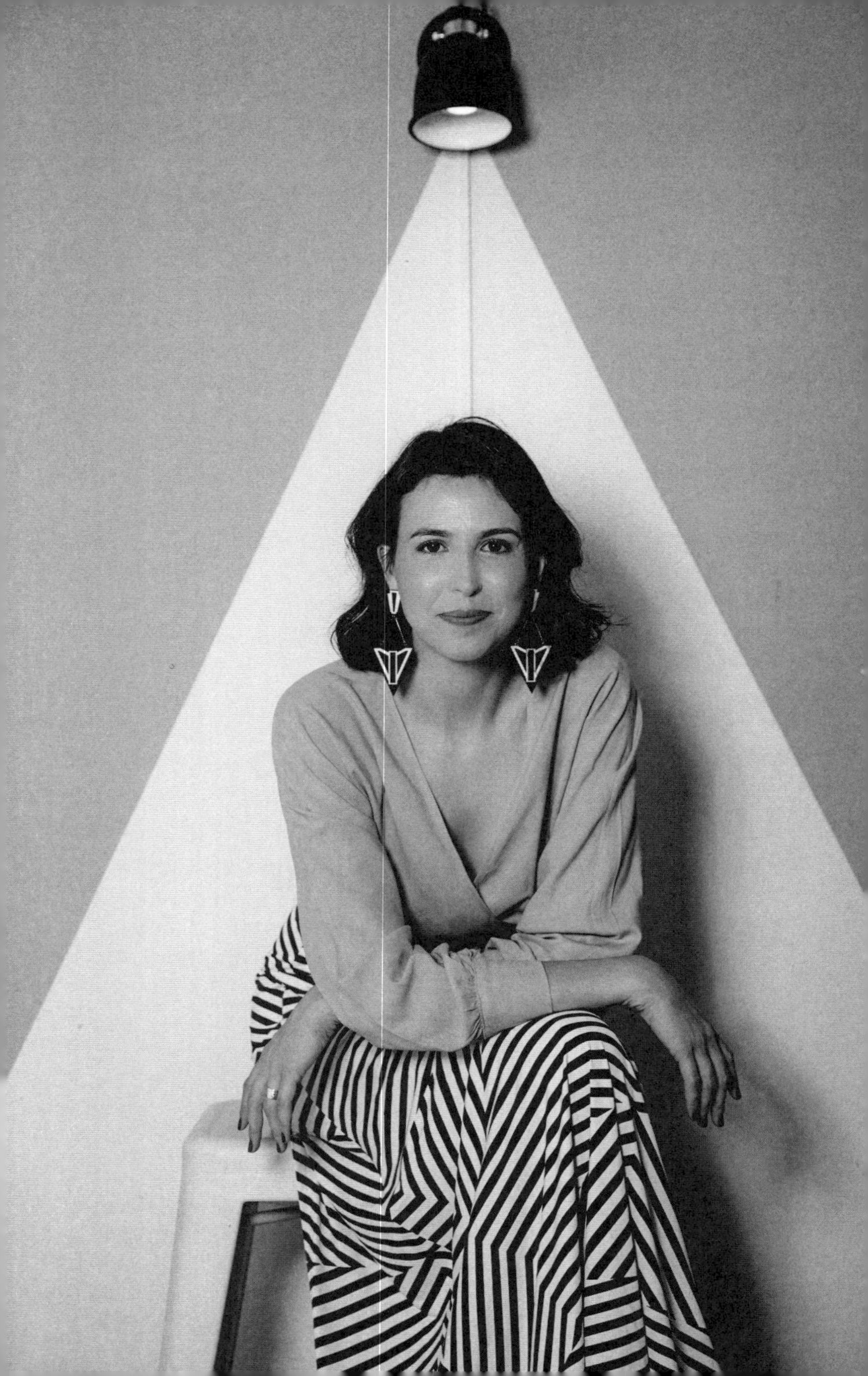

Sobre a autora

Como cheguei até aqui
Por Bianca Solléro

Eu fecho os olhos e me lembro do cheiro do lanchinho daquela turminha do segundo período. Eu tinha só dez anos quando percebi que queria estar mais perto das crianças menores. Eu via nelas uma luz mágica, que por algum motivo diminuía a medida que elas cresciam. Eu não sabia porque. Mas percebia. E, talvez com medo da minha se apagar, eu decidi que queria passar mais tempo com elas.

Eu estava na quarta série, 1996, quando inventei que queria me vestir de fadinha e brincar com as crianças enquanto elas lanchavam. A professora aceitou. E ela lembra de mim até hoje.

Depois eu cresci e resolvi levar teatro para as creches carentes da pequena cidade de Viçosa. Eu reuni algumas amigas e, como não conseguíamos muito tempo para ensaiar e decorar as falas, decidimos fazer o *playback* dos Saltimbancos.

Eu sempre era o Jumento, mas uma vez eu fui a galinha. De tanto repetir, acho que lá pelas tantas a gente já tinha decorado o que dizer em que momento. Mas não dava para fazer sem a música e seguimos dublando o disco. Nós nos apresentamos para muitas crianças e eu me apaixonei com o brilho nos olhos delas e com as artes. Então decidi me comprometer um pouco mais.

Era o ano de 2001, eu tinha uns 16, quando visitei uma creche escola filantrópica e combinei que iria toda terça e quinta levar atividades criativas para as crianças pequenas. E passei um ano todo assim.

Em 2003 decidi que estudaria em Belo Horizonte, para conseguir me preparar melhor para o vestibular da UFMG. Eu havia me decidido que cursaria Belas Artes para ser professora de Artes. Eu lembro até hoje da felicidade que eu senti quando descobri que o curso dos meus sonhos existia!

No segundo semestre de 2004 eu entrei na EBA (Escola de Belas Artes da UFMG) e foi uma amiga muito especial que me presenteou com a minha primeira oportunidade de estagiar na área, em 2005. Eu comecei a dar aulas para crianças de 1 a 7 anos, numa escola pequenina do bairro Floramar. A diretora dessa escola foi quem me apresentou para a criança que mudou a minha vida.

A diretora passou meu contato para a mãe da Beatriz*, uma menina de 5 anos que adorava pintar e desenhar. Mas Beatriz sofria de Epilepsia de Ausência, um tipo de epilepsia que não provoca convulsões motoras ou corporais. As crises são de ausência de consciência. Duram pouquíssimos segundos, menos que 3. Mas é como se a pessoa sofresse um apagão. Por 3 segundos ela some desse mundo. Vai a algum lugar que ninguém sabe onde. E quando volta, sente uma angústia gigantesca porque não se recorda muito bem de onde estava ou do que fazia. Beatriz chamava a angústia de dor de barriga.

Seu quadro neurológico apresentava também algumas falhas no campo de atenção e memória, o que prejudicava seu processo de aprendizagem cognitiva e social. Assim, ela tinha em sua rotina uma agenda repleta de visitas médicas, e sua família queria propiciar a ela momentos mais lúdicos, para além da escola, por isso me chamou.

Em seis meses trabalhando com Beatriz duas vezes por semana, eu percebi que tinha algo interessante no seu processo criativo e de expressão artística. Na escola ela era capaz de desenhar esquemas simples, como bonecas e casinhas, típicas de seu desenvolvimento cognitivo.

Mas quando estava comigo, só pintava imagens abstratas. Sua arte mexia tanto comigo, me deixava tão aérea que um dia eu bati o carro quando saía da sua casa após uma "aulinha" nossa. E foi desejando entender a relação de suas pinturas com seu interior, sua psique, que eu descobri que existia arteterapia e decidi cursar, antes, psicologia.

Fiquei com Beatriz por 5 anos. Depois da psicologia me pós-graduei em arteterapia. Neste intervalo fui professora no setor público e privado, até que decidi me casar. Casei com um engenheiro civil. Júlia foi quem levou nossas alianças. Eu queria ter certeza de que não me esqueceria dela nunca, por isso a incluí num dos dias mais especiais da minha vida.

Depois da psicologia eu decidi que queria atuar na clínica com crianças e não mais como professora em escolas. Até porque o consultório particular oferecia maior flexibilidade e quem casa com engenheiro civil, provavelmente, precisa ter uma profissão flexível se quiser exercê-la.

O trabalho do meu marido nos levou a São Luís no Maranhão, onde vivemos por quatro anos. Subloquei uma sala para atender aos sábados, mas por necessidade financeira, entrei no mercado corporativo, atuando em RH.

Por quatro anos eu trabalhei de segunda a sexta dentro de uma empresa e aos sábados no consultório. Até que comecei a me incomodar com algo triste que eu percebia quando contrastava minhas duas atuações.

De um lado, eu via adultos mal-humorados e competitivos. Infelizes e ranzinzas. Trabalhando por trabalhar, com algo que não gostavam, exercendo sua arrogância como quem quisesse provar para si mesmo que não estava ali por acaso.

De outro lado, eu via crianças felizes, alegres, conectadas à graça da vida, mas que chegavam até mim por conta de queixas infundadas, com as quais o único objetivo claro era tentar encaixá-las em padrões comportamentais mais adequados socialmente. Eram crianças lindas, porém rotuladas pela escola ou por seus pais, como alguém que precisasse de um ajuste para ser "direito".

E foi assim que a minha ficha caiu: a sociedade não respeita as crianças como elas são. Existe um esforço enorme em normatizá-las, o que no fim das contas significa torná-las iguais à média. E cria-se uma confusão mental tamanha quando a lei da competição, quando a expectativa de "ter que ser melhor", pressiona aquele que tinha um diferencial e foi obrigado a se tornar medíocre (digo, mediano, na média, igual a maioria, compatível com o padrão).

Como alguém será o melhor em algo tendo que ser igual a todo mundo?

"Como os adultos são contraditórios" - devem pensar as crianças.

Pelo menos era assim que eu pensava. E penso até hoje.

Um dia, enquanto eu adulta, ali com meus 28 anos, almoçava sozinha num restaurante, senti uma irritação profunda enquanto uma mesa de adolescentes gargalhava bem alto e tirava o pouco de sossego que me restava. E foi a consciência do que eu estava sentindo ali que me chamou a atenção para o fato de que aquele fenômeno que eu tanto temia estava acontecendo comigo. Minha luz estava se apagando e eu estava me tornando uma adulta mal-humorada e ranzinza.

Pronto. Ali eu parei.

Decidi pedir demissão de uma linda e promissora carreira que eu teria naquele universo corporativo que representava uma marca multinacional e resolvi me dedicar a "reativar minha luz" e trabalhar para que as luzes das crianças não se apagassem mais.

Desde 2015 eu venho trabalhando com adultos em prol das crianças e resolvi compilar neste livro tudo o que eu aprendi, observei, pesquisei e criei ao longo dessa minha missão que talvez tenha começado lá em 1996, quando eu me vestia de fada e tenha ganhado mais força depois que meus filhos nasceram (Elisa em 2017 e Filipe em 2018).

A maternidade não mudou meu rumo mas potencializou minhas forças. Eu sempre disse que o autoconhecimento dos pais é a cura para as nossas crianças (você entenderá melhor o que quero dizer com isso ao longo deste livro). E depois que meus filhos nasceram, que eu me deparei com os desafios reais da maternidade e com o valor disso que eu sempre, intuitivamente, acreditei, é que talvez eu tenha mergulhado em mim mesma de uma forma tão profunda e única.

Meus filhos me suscitaram questões inéditas, e descobri a resposta de muitas delas na minha própria infância que foi vivida com muito amor, limite e liberdade criativa (a tríade da Educação Criativa que criei). E uma das respostas mais poderosas foi este livro, resultado de uma reconexão intensa com a minha própria essência. Este livro é a representação viva do que eu acredito: cada ser é único e tem sua luz própria. E aqui está boa parte da minha luz, da minha essência, do meu foguinho interno.

Este livro precisou nascer para carimbar mais autenticidade no meu trabalho. Se eu acredito na luz de cada ser humano e na necessidade de que todas brilhem, então também preciso acreditar na minha e agir coerentemente para que ela brilhe.

Por isso, este livro é pra você, mãe ou pai, ou um simples amante das crianças. Desejo que você se inspire e se junte a mim, nessa tarefa singular de não deixar que as nossas crianças, nossos filhos, se apaguem. E, para isso, que a gente lembre, saiba e consiga, se reascender.

Bianca Solléro é psicóloga, arteeducadora, arteterapeuta e com aperfeiçoamento em Gestão de Pessoas pela FGV.

Referências Bibliográficas

AMABILE, T. M. Growing Up Creative: nurturing a lifetime of creativity. Warrenton, United States: CEF Press, 1999.

ASSUMPÇÃO, Alfredo. Talento, a verdadeira riqueza das nações. São Paulo: Scortecci, 2012.

CORTELLA, M. S. Por que fazemos o que fazemos? São Paulo: Editora Planeta, 2016.

ENDERLE, C. Psicologia do desenvolvimento: o processo evolutivo da criança. Porto Alegre: Artes Médicas, 1997.

FERREIRA, L. A arte de ser leve. São Paulo: Planeta, 2016.

GRINBERG, L. P. Jung, o homem criativo. São Paulo: FTD, 1997.

GUTMAN, L. A maternidade e o encontro com a própria sombra. São Paulo: Best Seller, 2016.

HARARI, Y. N. 21 lições para o século 21. Tradução por Paulo Geiger. São Paulo: Companhia das Letras, 2018.

HUMBERT, E. G. Jung. 2ª edição. São Paulo: Summus, 1985.

JUNG, C.G. Arquétipos do Inconsciente Coletivo. Petrópolis: Vozes, 2008.

JUNG, C.G. O espírito na arte e na ciência. Tradução de Maria de Moraes Barros. 8ª edição. Petrópolis: Vozes, 2013.

PAIN, S. & JARREAU, G. Teoria e técnica da Arteterapia, a compreensão do sujeito. Trad. Rosana Severino Di Leone. Porto Alegre: Artes Médicas, 2001.

PREM BABA, S. Propósito: a coragem de ser quem somos. São Paulo: Sextante, 2016.

ROGERS, Carl R. Tornar-se pessoa. 5ª edição. São Paulo: Martins Fontes, 2001.

ROGERS, C. & ROSENBERG, R. L. (). A pessoa como centro. São Paulo: E.P.U, 1977.

ROGERS, C. O tratamento clínico da criança problema. São Paulo: Martins Fontes, 1978.

ROGERS, C.R. & KINGET, G.M. Psicoterapia e Relações Humana. 2ª edição. Belo Horizonte: Interlivros, 1977.

SIEGEL, D. J & BRYSON, P.T. O cérebro da Criança. Tradução de Cássia Zanon. São Paulo: Versos Editora, 2014.

SILVEIRA, Nise da. Jung: vida e obra. 7ª edição. Rio de Janeiro: Paz e Terra, 1981.

SOUZA, R. M. Psicomotricidade e Arteterapia uma construção interior. Rio de Janeiro: Universidade Candido Mendes, 2001.

TAILLE, Y. L. OLIVEIRA, M. K. DANTAS, H. Teorias psicogenéticas em discussão. São Paulo: Summus, 1992.

VIGOTSKI, L. S. Psicologia da Arte. São Paulo: Martins Fontes, 1999.

ZIMMERMANN, E. (organizadora). Corpo e Individuação. Petrópolis: Vozes, 2011.

Este livro foi composto com tipologia e impresso em papel off set noventa gramas no nonagésimo oitavo ano da primeira publicação do livro "Tipos Psicológicos" do psiquiatra suíço Carl Gustav Jung.

São Paulo, outubro de 2019.